Friedrich Georg Jünger · Nietzsche

Friedrich Georg Jünger

Nietzsche

KlostermannRoteReihe

Bibliographische Information der Deutschen Nationalbibliothek

Die Deutsche Nationalbibliothek verzeichnet diese Publikation in der Deutschen Nationalbibliographie; detaillierte bibliographische Daten sind im Internet über *http://dnb.dnb.de* abrufbar.

3., unveränderte Auflage 2013

© Vittorio Klostermann GmbH · Frankfurt am Main · 1949
Alle Rechte vorbehalten, insbesondere die des Nachdrucks und der Übersetzung. Ohne Genehmigung des Verlages ist es nicht gestattet, dieses Werk oder Teile in einem photomechanischen oder sonstigen Reproduktionsverfahren zu verarbeiten, zu vervielfältigen und zu verbreiten.
Gedruckt auf Alster Werkdruckpapier der Firma Geese, Hamburg.
Alterungsbeständig gemäß DIN ISO 9708
Druck und Bindung: Books on Demand, Norderstedt
Printed in Germany
ISSN 1865-7095
ISBN 978-3-465-04194-8

INHALT

Die Geburt der Tragödie	1
Zarathustra	9
Hölderlin und Nietzsche	27
Der Wille zur Macht	36
Der Antichrist	86
Die ewige Wiederkehr	108
Der Übermensch	129
Der Schauspieler	141
Die Masse	150
Schluß	169
Über den Autor	173
Nachwort von Günter Figal	175

DIE GEBURT DER TRAGÖDIE

Nietzsche hatte recht, „Die Geburt der Tragödie" einen „Centauren" zu nennen, recht insofern, als er in diesem Buche disparate Gestalten vereinigte. Der eigentümliche Zauber der Schrift wird dadurch getrübt, doch kann der aufmerksame Leser das Nichtzugehörige leicht herausnehmen. Die Systeme Kants und Schopenhauers sind ungeeignet, um dem Gegenstand beizukommen, die Musik Wagners taugt ebensowenig zu diesem Unternehmen, und doch erreicht Nietzsche sein Ziel. Es gelingt ihm, das Dionysische deutlich zu machen, es gegen sein apollinisches Widerspiel abzugrenzen. Er hat sich auf diese Entdeckung immer etwas zugute getan, und mit Recht, mit ihr war etwas getan, war mehr getan, als die Zeitgenossen, die das Buch lasen, sich zum Bewußtsein brachten. Mit ihr war der Zugang zu einer Welt erschlossen, die seit langem versunken schien, von der niemand sich etwas mehr träumen ließ. Hier spricht sich unverkennbar ein neues Denken, eine neue Kenntnis der Griechen aus. Der Ansatz ist so stark, so zwingend, daß er auf alle Beschäftigung mit den Griechen Einfluß üben mußte. Hier ist ein Buch mit neuen Augen, eine Schrift, die ein neues Sehen lehrt. Der Anstoß der Begeisterung ist unverkennbar in ihr. Von diesem unwissenschaftlichen Enthusiasmus, den sie zunächst fortstieß, kann die Wissenschaft lange zehren, und nicht nur sie. Kentaurisch ist die Schrift auch deshalb, weil sie Grenzen aufhebt, weil ihr disparates Denken sich keiner Disziplin einfügen läßt, denn in ihr wird ein Kampf zwischen Kunst und Wissenschaft ausgefochten, der in Nietzsche selbst nicht endet. Das Ziehen widersetzlicher, sich widersprechender Neigungen wird in ihr spürbar. Will man sie in ihren Wirkungen mit anderen Schriften vergleichen, so läßt sich nur an Winckelmanns erstes Buch, an die „Gedanken über die Nachahmung der griechischen Bildhauerkunst" denken. Dieses Buch erschien im Jahre 1754, und ihm folgten sogleich die beiden Schriften, in denen Winckelmann die Einwürfe dagegen sammelte und widerlegte. Die Verschiedenheit des Ansatzes ist offenbar. Winckelmann und Lessing gewannen den Zugang zu den Griechen von der Plastik her, sie drangen in den Bereich des apollinischen Kunstschaffens ein, auf welchem Wege Goethe und Schiller fortgingen. Die „Monumenti inediti" und die „Geschichte der Kunst des Altertums" Winckelmanns, Lessings „Laookon" liegen auf dieser Bahn. Über Klopstock und Hölderlin führt ein anderer Weg, und dieser ist es, auf dem Nietzsche sich bewegt. Hölderlin war der einzige, der um das Dionysische wußte; in seine späten Hymnen dringt dieses Wissen so tief ein, daß keiner seiner Zeitgenossen einen Anteil daran hatte. Es blieb verschollen. Der junge Nietzsche, der Hölderlin liebte, kannte diese späten Hymnen nicht; er fand von sich aus den Weg. In diesem Wiederfinden ist nichts Zufälliges. Es ist nicht zufällig, daß zwei Menschen von solchem Rang sich den gleichen Fragen zuwenden. Wir werden sehen, wie entscheidend diese Fragestellung ist, die zugleich ein Infragestellen einschließt. Von ihr hängt unter anderem ab, ob der Mensch sich dem Feste wieder zuwendet, oder ob er in der von ihm ersonnenen Mechanik untergeht.

Die Entdeckung gelang, weil Dionysos ernstgenommen wurde. Alles Studium des antiken Menschen wird jetzt in eine neue Bahn gelenkt. In diesem ersten Buche des jungen Nietzsche sind im Keime seine sämtlichen Werke enthalten, tauchen alle die Fragen auf, die ihn später beschäftigten. Wer von der Lektüre der letzten Werke zur „Geburt der Tragödie"

zurückkehrt, der erstaunt über die Geschlossenheit dieses Denkens, die mit der Entschlossenheit des Denkers durchaus eins ist. Nur darf man, um das zu erkennen, nicht in der Polemik stecken bleiben, die auf jeder Stufe eine andere ist und den Blick aller derer verwirrt, die nicht wissen, worauf dieses Denken hinaus will. Das Polemische ist, wenn wir es auf seinen Grund zurückführen, nicht nur die Auseinandersetzung mit den von außen her zudringenden Widerständen, es ist auch der Widerstand, den der Gedanke sich selbst leistet. Auf diesem Wege, der durch die Fülle des Widerspruchs führt, wird das Polemische zurückgelassen. Es ist nichts anderes als die Haut, welche die Schlange zurückläßt, indem sie sich verjüngt und erneuert.
Nur drei Werke Nietzsches können als Hauptwerke betrachtet werden: „Die Geburt der Tragödie", der „Zarathustra" und der „Wille zur Macht". Alle anderen, so wichtig und aufschlußreich sie sind, haben nur vorbereitende und überleitende Bedeutung, oder sind wie der „Ecce Homo" ein Schlußpunkt. Und zwei Hauptlehren sind es, die von ihm durchgebildet werden: die Lehre von der ewigen Wiederkehr und die Lehre vom Übermenschen. An ihnen abgemessen tritt alles andere zurück. Ein Werk wie der „Antichrist", der polemisch durchaus ist, hat zwei Aufgaben. In ihm summiert Nietzsche nicht nur das Fazit seiner Angriffe auf das Christentum, er schafft sich zugleich Raum für sein eigenes Denken.
In der „Geburt der Tragödie" begibt sich Nietzsche zum ersten Male in eine mythische Situation. Noch kommt er mit der Miene des Wissenschaftlers und erweckt einen Anschein gelehrter Studien; aber er ist mit einem Thema beschäftigt, das mit Wissenschaft weder etwas zu tun hat, noch von einem Wissenschaftler behandelt werden kann. Er hat später beklagt, daß er sich das Konzept verdorben hat, nicht nur durch Einmischung schopenhauerscher Philosophie und wagneri-

scher Musik, sondern auch durch die wissenschaftlichen Perspektiven und ästhetischen Kategorien, in die er sein Denken zwängte. Wer aber fragt, wie er das Thema anders hätte behandeln sollen, der rührt sogleich an die große Kontroverse, die sein Denken durchzieht, an jenen Widerspruch, den der Zauberer in Zarathustra entdeckt, an das „Nur Narr! Nur Dichter!" Nur der dionysische Dichter kann dieses Thema auf genuine Weise behandeln. Von der „Geburt der Tragödie" an ist Nietzsche aus dem Bereich des Dionysischen nicht mehr herausgekommen. Dieser Bereich ist für ihn das Labyrinth des Minos und der Rosengarten des Midas. Tiefer und tiefer dringt er darin ein. Und schon in seinem ersten Hauptwerke schlummert unter der Form der gelehrten Abhandlung der bloße, nackte Hymnus, drängt darunter hervor und sucht sich dem Zwange der Begriffskonstruktionen zu entziehen. In diesem Ringen, das sich wie ein Tanz ausnimmt, liegt der Zauber der Schrift. Es ist etwas Werbendes in ihr. „... wie verändert sich plötzlich jene eben so düster geschilderte Wildnis unserer ermüdeten Kultur, wenn sie der dionysische Zauber berührt! Ein Sturmwind packt alles Abgelebte, Morsche, Zerbrochene, Verkümmerte, hüllt es wirbelnd in eine rote Staubwolke und trägt es wie ein Geier in die Lüfte. Verwirrt suchen unsere Blicke nach dem Entschwundenen: denn was sie sehen, ist wie aus einer Versenkung an's goldne Licht gestiegen, so voll und grün, so üppig lebendig, so sehnsuchtsvoll unermeßlich. Die Tragödie sitzt inmitten dieses Überflusses an Leben, Leid und Lust, in erhabener Entzückung, sie horcht einem fernen schwermütigen Gesange — er erzählt von den Müttern des Seins, deren Namen lauten: Wahn, Wille, Wehe. Ja, meine Freunde, glaubt mit mir an das dionysische Leben und an die Wiedergeburt der Tragödie. Die Zeit des sokratischen Menschen ist vorüber: kränzt euch mit Epheu, nehmt den Thyrsusstab zur

Hand und wundert euch nicht, wenn Tiger und Panther sich schmeichelnd zu euren Knien niederlegen. Jetzt wagt es nur, tragische Menschen zu sein, denn ihr sollt erlöst werden. Ihr sollt den dionysischen Festzug von Indien nach Griechenland geleiten! Rüstet euch zu hartem Streite, aber glaubt an die Wunder eures Gottes!"
Das ist ein merkwürdiger Appell an den Leser. Hier wird etwas transponiert und vorweggenommen. Der junge Nietzsche glaubt an die Wiedergeburt der Tragödie, an die Wiederkunft des tragischen Menschen und auch an seine Erlösung. Wovon soll er erlöst werden? Von der „Wildniß unserer ermüdeten Cultur", in der er jene „eudämonistisch-soziale" Tendenz herausspürt, die dem Tragischen sich widersetzt und mit aller Tragödie ein Ende machen will. Der Maßstab ist überall unverkennbar. Alle Erscheinungen werden nach der Nähe und Ferne beurteilt und abgeschätzt, die sie zu Dionysos haben. Der Gegensatz der euripideischen Tragödie und des sokratischen Denkens zum Dionysischen werden herausgearbeitet. Die Aufgabe der sokratischen Ironie wird bestimmt. Das sind Einzeluntersuchungen. Denn hier schon beginnt der harte und langwierige Kampf gegen allen erkenntnismäßigen Idealismus, gegen den Wahrheitsbegriff, gegen den Moralismus, gegen die „wahre" Welt, gegen das Sein und das Seiende. Die mythische Situation wird dadurch bezeichnet, daß Nietzsche Gesicht zu Gesicht mit einer imaginären Wirklichkeit steht, daß er beginnt, die Welt der Fiktionen zu durchschreiten. Die Fiktionswelt ist nicht der dionysische Bereich — der in Aktion befindliche. Als Fiktionswelt gibt sich die wahre Welt zu erkennen, wenn sie auf dem Wege zu Dionysos hin durchschritten wird, denn dann bricht Schritt auf Schritt ihr Anspruch auf Wahrheit zusammen, zusammen mit aller Logik, mit allem Moralismus, der in der Begrifflichkeit des Seienden steckt. Das ist der entscheidende

Ansatz des Buches; er ist in allen anderen Schriften wiederzufinden.

Die Form, in der sich diese Erkenntnisse hervordrängen, ist wunderlich genug. Die Einmischung der Musik in die Genesis der Tragödie stiftet große Verwirrung. Nietzsche ist noch ganz im Banne Wagners. Er fühlt sich noch als der Schüler und Wegbereiter des Meisters, er formt aus seinem Buche eine Huldigungsschrift für ihn. Eine solche Votivtafel ist Wagner nicht zum zweitenmale gesetzt worden. Seine Musik wirkt auf Nietzsche mit krampfhafter Wucht. Ein „krampfhaftes Ausspannen aller Seelenflügel" ruft der dritte Akt von „Tristan und Isolde" in ihm hervor, „ein krampfartiges Sichausrecken aller Gefühle" bewirkt diese Musik in ihm. Er legt sie sich gemäß Schopenhauers Musiktheorie zurecht und bringt sie in Zusammenhang mit dem Apollinischen und Dionysischen. Das sind Mißverständnisse, da Schopenhauers Kunstbetrachtung in die Lehre von der Verneinung des Willens eingeordnet ist. Hier hallt ein Echo der freundschaftlichen Gespräche nach, die in der Villa Triebschen geführt wurden. Die Oper Wagners — nicht Oper sondern Musikdrama — ist für Nietzsche der Gipfel, gegenüber dem alles Wortdrama nicht aufkommt. Die Hinzunahme des Wortes im Musikdrama ist für ihn nur ein Notbehelf, denn „die Musik ist die eigentliche Idee der Welt, das Drama nur ein Abglanz dieser Idee, ein vereinzeltes Schattenbild derselben". Auch das klingt merkwürdig, weil durch Wagner das Übergewicht, das die Musik in der Oper über die Dichtung behauptete, beschränkt wurde. Schwierig war es allerdings auch für den jungen Nietzsche, Wagner als Dichter zu rühmen, denn seine archaisierende Sprache, sein mißverstandener Stabreim, seine Unkenntnis der metrischen Gesetzlichkeit, seine Satz- und Wortbildung luden nicht dazu ein. Gegen Nietzsche ist daran festzuhalten, daß sich von Seiten der Musik her die Genesis der griechi-

schen Tragödie nicht wiederherstellen läßt, so mächtig immer die dionysische Musik sich entfaltet. Auch Apollon und Pan musizieren ja. Die Welt der Mythen kann nicht ohne Gewaltsamkeit als ein musikalisches Phänomen gedeutet werden. Für den, der es unternimmt, wäre der Tanz ein besserer Ausgangspunkt, denn an ihm sind alle Musen beteiligt, und Terpsichore geht ihnen mit Leier und Plektron voran. Die griechische Tragödie kann durch die Beziehung auf die wagnersche Oper nicht erhellt werden, denn sie ist weder Oper, noch Musikdrama, noch Singspiel. Daß die Tragödie „die Musik, bei den Griechen wie bei uns, zur Vol'endung bringt", ist eine Feststellung, die heute fremd anmutet. Bei den Griechen? Bei uns? Welche Tragödie sollte das sein, die so vollendet wurde? An Shakespeare und die englische Musik darf man hier nicht einmal denken. Und der Gedanke liegt nicht fern, daß auch der Sprache, dem Worte ein eigener Bereich zukommt, der, rhythmisch und metrisch durchgebildet, als Dichtung selbständig bleibt und eine Übersetzung in Musik nicht verlangt. Dieser Bereich ist der Musik keineswegs feindlich, aber er verwahrt sich dagegen, in sie hineingezogen, von ihr gestört oder ganz aufgesogen zu werden. Indem Nietzsche sich von der Wagnerschen Musik abwendet, mit Wagner selbst bricht, mußte ihn das Empfinden überkommen, daß die „Geburt der Tragödie" in der Luft hing, ihrer Stützen beraubt wurde. Darin lag etwas Schmerzliches, ein feiner, nicht endender Schmerz. Aber solche Unternehmen gedeihen, wie sich oft bewährt, nur durch Mißverständnisse, auf Umwegen. Er hatte seine Dankesschuld abgestattet; er war der Gebende in dieser Freundschaft, die über seine Jugend einen hohen Schimmer warf.
Weiter muß aber gefragt werden, ob die Vorstellung, die Nietzsche hier von der griechischen Tragödie hat, die Vorstellung nämlich, daß sie der Gipfel der ganzen griechischen

Entwicklung ist, überhaupt haltbar ist. Ist sie nicht der Schlußakt in der großen Apokatastasis des Dionysos? Der Gott bringt sie hervor, aber sie ist auch sein spätestes Werk. Die Tragödie gehört dem mythischen Zeitalter nicht mehr an; sie ist das Kunstwerk, das in der geschichtlichen Zeit sich vollendet, das also auch den Konflikt austragen muß, der zwischen mythischem und geschichtlichen Denken entbrennt. In der Tragödie verzehrt sich das mythische Sein wie in einer mächtigen, herrlichen Flamme. Die Tragödie kommt nicht aus der Musik, sie kommt aus dem Epos; dieser aber wächst aus der Urmythe herauf. Tragödie und Musik entfalten sich zusammen und sterben zusammen in der gleichen Zeit, in der der gewaltige dionysische Appell an den griechischen Menschen sich abschwächt. Das ist die Zeit, in der Philosophie und Historie, die Ethik und Sophistik, Euripides, Sokrates und der neue attische Dithyrambos aufkommen. Es ist der Schritt von der imaginären und imaginierten Welt zur wahren Welt, der Schritt, den Nietzsche wieder zurücknimmt. Denn hier setzt sein Denken ein, hier setzt er sich selbst ein. Hier ist der Ansatz, der ihn stets von neuem, bis zu seinem Ende beschäftigt. Wie er ihn im „Zarathustra" und im „Willen zur Macht" fortbildet, zu welchen Ergebnissen er dabei gelangt, werden wir jetzt sehen.

ZARATHUSTRA

Dort, wo das Werden Gesang wird, dort ist dieser Gesang hymnisch, dithyrambisch. Und die Musik des Werdens ist eine gleiche. Den „Zarathustra" rechnet Nietzsche unter die Musik, betrachtet ihn als ein Werk, das aus dem Geiste der Musik geboren ist. Er sagt, daß der Konzeption des ewigen Wiederkunftsgedankens eine plötzliche Veränderung seines Geschmackes in der Musik vorausgegangen sei. Er hörte nun andere Melodien und Harmonien, einen anderen Rhythmus in die Dinge hinein, und etwas anderes kam ihm entgegen. Die Welt veränderte sich für ihn auf dem einsamen Büffelpfade des Denkens, und sein Entzücken darüber lief mit und lief voran. Ehemals hatten ihn die Sirenen der wagnerschen Musik überredet; er glaubte in Wagner den dionysischen Musiker par excellence gefunden zu haben, ein Mißverständnis, das er sich nicht verzieh, das wie ein Stachel in ihm saß. Veränderte der Gedanke der ewigen Wiederkunft seinen Geschmack in der Musik, so heißt das, daß er von Wagner weiter und weiter fortgeführt wird. Wagner war nicht der dionysische Zauberer, den er vermutet, dem er gehuldigt hatte. Auch war seine Musik keine vornehme Musik; je länger man ihr lauschte, desto bedenklichere Naturlaute lauschte man aus ihr heraus. Das Orchester wuchs, die Musik wurde laut, und nichts war in ihr mehr alla camera. Sie verletzte irgendwie den strengeren Nomos der älteren Musik. Sie ging rücksichtslos ins Elementare, und indem sie so den Massen entgegenkam, Massenwirkungen zu erzielen versuchte, fiel sie zugleich den Einzelnen an, suchte ihn aus dem Stand zu bringen, ihn durch einen Zwang, den sie allem, selbst dem Wohllaut beimischte, in Geist und Gemüt zu zermalmen. Eben diese ihre Eigentümlichkeiten waren es aber, die Nietzsche dazu überredet hatten, in ihr eine dionysische Musik zu sehen. Gerade das Zermalmende in ihr schien das Göttliche zu sein. Nietzsche hatte ihre Wirkungen an sich selbst erfahren, und die Erinnerung daran peinigte ihn. Denn ein Zauberer war Wagner doch, und die Trennung von ihm ging ans Leben und hinterließ Narben, die immer sichtbar, immer spürbar blieben. Es war schwer, sich von ihm zu lösen, weil ein Gefühl tiefer Dankbarkeit sich dem widersetzte, weil sich kein Lebender ihm gegenüberstellen ließ, weil er der Freund war, der einzige, mit dem sich auf dem Fuße der Gleichheit, im Bewußtsein der Ebenbürtigkeit verkehren ließ. Eine Lebensfrage aber war, daß diese Trennung vollzogen wurde, und indem Nietzsche sie vollzog, war er härter und rücksichtsloser gegen sich selbst als gegen Wagner. Übersicht über den Konflikt und seine Tiefe hatte nur er; Wagner blieb verständnislos. Was hier vorging, was ihm den jungen Freund entfernte, erkannte er nicht.

Ein Meeresblick ist es, der mit der Entstehung des „Zarathustra" verbunden ist. Der erste Teil wurde auf der Straße von Zoagli, an der Bucht von Santa Margeritha konzipiert. Nietzsche ging bald darauf nach Rom, und es ist bezeichnend, daß in Rom der Fortgang des Werkes stockte. Rom ist eine Nietzsche ganz fremde und feindliche Stadt, die er auch sogleich als solche empfunden hat. Er nennt sie in Beziehung auf sich und seinen Aufenthalt dort „den unanständigsten Ort der Erde". Rom ist keine Stadt des dionysischen Werdens sondern eine Stadt monumentaler Seinsordnung und der aus ihr hervorgehenden Herrschaftsformen, die aere perennius bestehen. Auch die horazische Ode ist der Ausdruck dieser monumentalen Seinsordnung, aus der sie mit hoher

Vollkommenheit auskristallisiert. Kein echter Römer hat jemals eine echte Beziehung, eine tiefe Verbundenheit zum Meere gehabt. Das Meer aber ist das Element des Dionysos. In das Meer, heißt es, sei er flüchtend hinabgetaucht, aus dem Meere sei er siegreich wiedergekommen. Den Meerfahrer Dionysos zeigen uns die griechischen Vasenbilder. Aus dem Schiffe ragt der traubenumwundene Mast empor; in halkyonischer Seligkeit fährt er über die zauberisch stille und glatte Flut dahin. In Rom gedieh der „Zarathustra" nicht; er kam ins Stocken. Sein zweiter Teil wurde an der gleichen Stelle konzipiert wie der erste, sein dritter unter dem „halkyonischen" Himmel Nizzas; sein vierter wird in Nizza beendet.

Wer ist zunächst Zarathustra? Gewiß nicht der Zarathustra des Zend-Avesta, der Zerdusht der Parsen. Gewiß nicht der von Ahuramazda mit Offenbarungsgedanken beschenkte Prophet und Stifter einer dualistischen Glaubenslehre. Gewiß nicht der Heilige des Zerdushtnameh und Bekehrer des Vischtaspa. Zarathustra ist nichts anderes als eine der Vorformen des Dionysos, in denen Nietzsche ihn verherrlicht. Gleich der Sonne (Dionysos) muß Zarathustra in die Tiefe steigen, der Unterwelt Licht bringen. Und gleich der Sonne kommt er daraus wieder hervor. Er ist der überfließende Becher, der leer werden will; er will wieder Mensch werden und untergehen. Er ist verwandelt. Er begegnet zuerst dem Waldeinsiedler, der in seinem Walde noch nichts davon erfahren hat, daß Gott tot ist, verläßt ihn und trägt in der nächsten Stadt dem Volke seine Lehre vom Übermenschen vor. Der Übermensch ist der dionysische Mensch, der Mensch als Seil, Brücke, Pfeil der Sehnsucht, tanzender Stern, der Mensch des Werdens und seiner Fülle. Das Volk, das gerade zusammengeströmt ist, um einen Seiltänzer zu begaffen, verwechselt Zarathustra mit diesem, will vom Übermenschen nichts wissen und bejubelt den letzten Menschen, den ihm Zarathustra schildert. Der Seiltänzer — kein dionysischer Mensch, sondern dressierter Artist und Schauspieler — wird von dem dionysischen Possenreißer herab- und zu Tode gestürzt. Offenbar ist dieser Possenreißer sehr mächtig, denn er bedroht auch Zarathustra mit dem gleichen Schicksal. Aber er ist nicht der Gott selbst, denn in dem Kapitel „Von alten und neuen Inseln" heißt es: „Aber nur ein Possenreißer denkt: der Mensch kann auch übersprungen werden". Nur ein Possenreißer? Wir werden sehen, was es damit auf sich hat. Zarathustra trennt sich vom Volke und dem Leichnam des Seiltänzers, den er begräbt, und sucht Gefährten. Das ist der Anfang des Werkes, seine Introduktion.

Wir tun gut, zunächst die Sprache und die Sprachmittel des „Zarathustra" zu betrachten. Der „Geburt der Tragödie" merkt man das Bestreben an, sich den Begriffskonstruktionen zu entwinden; der „Zarathustra" geht auf diesem Weg fort. Nietzsche bedient sich nicht der vers libres, auch nicht einer Prosa in Versen, sondern einer Prosa, die nur schwach gegen den Vers hin rhythmisiert ist und ein stärkeres Pathos, einen akzentuierteren Affekt, einen größeren Reichtum an Bildern hat. Sucht man nach einem Vergleich, nach einem Vorgang für ein solches Werk, dann muß man weit zurückgehen. Luthers Übersetzung des Neuen Testaments gehört zu seinen Vorgängern. Der den Orient — einen ganz italienischen Orient — durchwandelnde, lehrende und predigende Zarathustra ist Christus nachgebildet. Das Neue Testament in vier Büchern, das er hinterläßt, erinnert an die vier Evangelien. Wir wollen diese Parallele nicht fortsetzen und nicht auf die Sprache erstrecken, die hier und dort sehr verschieden ist. Luther hatte eine mächtige sprachbildende Kraft; mit ihm beginnt eine neue Epoche der deutschen Sprache. Auch Nietzsches sprachbildende Kraft ist groß, aber die Sprache geht bei

ihm auf einem anderen Wege. Sie folgt nicht dem sinnlich
Gedrungenen, dem Körperlichen, sie geht nicht unbekümmert
in Saft und Wuchs auf und haftet nicht in der irdenen
Schwere, in der das Leben gern verharrt; sie sucht zu ent-
körpern, zu schweben, sie macht sich leichter und leichter
und findet in der Intellektualität Mittel dazu. Nietzsche bildet
an der Sprache nicht die Muskeln, das Fleisch und die Kno-
chen durch, sondern die Haut. und er verwendet viel Mühe
darauf, ihr neue Gelenke, Nerven und Äderung zu geben.
Das Scharfe, Durchdringende seiner Prosa hängt damit zusammen, daß er den Satz auf eine neue Weise rationalisiert.
Er tut das schon durch seine eigenwillige Interpunktion. Und
er meidet mehr und mehr die Perioden, er entwirft seine
Satzkonstruktionen logisch, aber auf das Alogische hin, bis
sie jenen Grad von schneidender Verständigkeit erreichen,
mit dem sie den Widerstand durchstoßen. Er bewegt sich
nach Art der Salamander in der Sprache und läßt in ihr gei-
stige Leucht- und Flammenspuren zurück. Luzidität, Helle,
Transparenz, Leichtigkeit — das ist es, was er erstrebt.
Das Prekäre des „Zarathustra" liegt in einem Dazwischen,
im Fortrücken von der Intellektualität zur Dichtung, von der
scharfen, schneidenden Prosa der Begriffe und Gedanken zur
Sprache der Bilder und Symbole, die etwas Getragenes und
Feierliches hat, ohne daß zum reinen Dithyrambus fortgeschritten wird, zu einer strengen, rein metrischen und musi-
schen Form. Die eigentümlichen Störungen liegen dort, wo
die Fracht der Begriffe und Gedanken für diese Art Sprache
zu schwer wird, wo das Didaktische und Dozierende dem
Flug des Satzes, der Bilder aufliegt. Zarathustra als Prediger
— das hat etwas Zweideutiges. Hat er es noch nötig zu pre-
digen? Warum tanzt und singt er nicht, warum macht er
nicht Musik? Es widerfährt ihm nun, daß er selbst die Sprache
des „du sollst" spricht, daß er kategorisch wird und ethische

Imperative ausmünzt. Man betrachte etwa „Das andere Tanzlied". Wer will von diesem Tanzlied, das mit dem schönen Mitternachtsgesang schließt, behaupten, daß es eine wirkliche Tanzbewegung metrisch darstellt? Es sind Reimspiele und Wortspiele darin, die etwas Gequältes haben. In diesem Zwiegespräch mit dem Leben antwortet das Leben nicht ohne Recht: „O Zarathustra! Klatsche doch nicht so fürchterlich mit deiner Peitsche!" Merkwürdig ist solch ein „Zwiegespräch mit dem Leben" — wie ist denn ein Zwiegespräch mit dem Leben zu denken? Offenbar haben wir hier eine allegorische Hypostase und keine gute, denn mit dem Bios unterhält man sich nicht. Oder anders gesagt: der Bios, mit dem man sich unterhält, ist eine rhetorische Figur. In dem Kapitel „Von alten und neuen Tafeln" findet sich der allzuoft zitierte Satz: „Nicht fort euch zu pflanzen, sondern hinauf — dazu, o meine Brüder helfe euch der Garten der Ehe". Wie es scheint, ist noch niemandem aufgefallen, daß dieser Satz eine Katachrese, eine abusio enthält, daß hier also eigentlicher und bildlicher Ausdruck vermischt werden, und zwar so, daß gegen die Einheit des gebrauchten Bildes verstoßen wird. Das Fortpflanzen ist zeitlich gedacht, das Hinaufpflanzen hat neben dem zeitlichen Sinn einen räumlichen, geht also auf die Höhe und das Darüber. Sobald dieser Sinn uns in den Sinn kommt, drängt sich die Komik der Stelle unwiderstehlich auf. Wenn Zarathustra in dem gleichen Kapitel sagt: „Ich schäme mich, daß ich noch Dichter sein muß", so wünscht man, daß er mehr Dichter wäre, denn Dichter sein und mit dem Sprachgeist das heimlich vertrauliche Zwiegespräch halten, ist eines. Deshalb haben seine Tiere ganz recht, wenn sie ihn in dem Kapitel „Der Genesende" fragen, warum er nicht in den Garten der Welt gehe und sich eine Leier mache, wenn sie ihm sagen, daß er nicht sprechen sondern singen solle. Die Tiere merken, daß er den vollen, scharfen, durchdringenden Flötenton der dionysischen Musik noch nicht ganz meistert, daß zuviel Anweisung, Ermahnung, Belehrung, Argument in seiner Predigt ist. Diese Kontroverse ist eine der tiefsten im „Zarathustra"; sie kehrt an einer entscheidenden Stelle des Schlusses wieder. Schön ist der Eingang zum „Nachtlied": „Nacht ist es: nun reden lauter alle springenden Brunnen." Aber selten nähert sich die Sprache diesem Wohllaut. Und wenige Gespräche sind so meisterhaft gesetzt, wie das zwischen Diamant und Küchenkohle. Zarathustra spricht, so scheint es, zuviel von sich selbst; auch ist er ein arger Polemiker, Moralist und Allegoriker, was alles zusammenhängt, gibt sogar Katechismen für Eheleute heraus. Wenn er sich als Wandermönch, als Höhleneinsiedler umtreibt, „fugitivus et errans", mit welchem Wahlspruch Nietzsche seine eigene Bahn bezeichnet, wenn er ohne Eigentum, Besitz, Habe ist und den Ort nach Laune wechselt, so führt er doch ein stattliches Gepäck von Lehren mit, das er seinen Aposteln und Schülern aufhalst. Er vergißt dann, daß er ein Narr ist, vergißt seine Lieder, Sprünge und Schnurrpfeifereien und alle Süßigkeit der verkehrten Welt, deren Herr Dionysos ist, und kommt mit dem schwersten, feierlichsten Pathos, mit dem Pathos des Religionsstifters und Gesetzgebers. Er gleicht dann dem Waldesel, der das Gebirge und die laubigen Kammern der Haine verläßt, um ins Geschirr und Zaumzeug zu gehen. Gleich Moses, gleich den Römern hat Zarathustra Gesetzestafeln, die aber erst halb beschrieben sind. Sein Pathos wird manchmal schwer erträglich, insbesondere wenn es Dinge betrifft, die sich auf unpathetische Weise leichter und besser sagen lassen. Sich selbst in der Welt und die Welt zugleich in sich bewegen, ist eine hohe Kunst. In ihr liegt das Geheimnis des Tanzes beschlossen, das Geheimnis der schönen Bewegung, die sich selbst genügt und im Vorübergehen kein Ungenügen hinterläßt, keinen Mangel, keine Verletzung. So bewegt sich der dionysische Tänzer: die Fülle der Bewegung ist in ihm, er durchtanzt nicht den meßbaren und abgemessenen Gang der Zeit, er dreht sich wie der Gott selbst, in den Rhythmen der Wiederkehr, er schwingt sich im Kreis, indem er sich zugleich um die eigene Achse dreht. Auf der Sprache Zarathustras aber lastet noch die ganze Wucht eines unerschöpften Denkprozesses. Es finden sich Wörter, Wendungen, Sätze, die in den Prosawerken der gleichen Zeit gebraucht werden. Die Probleme, die der „Wille zur Macht" bringt, dessen Entstehung sich zeitlich mit der des „Zarathustra" überschneidet, stecken samt und sonders schon im „Zarathustra". Dieser führt tiefer in den Bereich des Dionysischen hinein, weshalb Nietzsche ihn auch sein „non plus ultra" nennt. Der „Wille zur Macht" enthält die Legitimation des gesamten Denkens mit allen Stützen und Pfeilern der Beweisführung; im „Zarathustra" geht Nietzsche weiter. Er erreicht jene Grenzmarken, an denen die Form des Denkens notwendig und radikal zerbrochen werden muß. Hier und in den „Dionysos-Dithyramben spricht er sein letztes Wort aus. Die Bilder und die Vergleiche werden eindeutig, gewinnen an Kraft und verbinden sich. Dionysisch ist das Bild des „aus sich rollenden Rades", das vom Kinde gebraucht wird, dionysisch der „goldene Ball", der „große Mittag", die „schenkende Tugend". Dionysisch ist die Lehre vom Überflusse, die als Kernlehre Zarathustras anzusehen ist. Die schenkende Selbstsucht wird gegen die diebische gehalten; man soll nach Reichtum, nach Schätzen trachten, um sie zu verschenken. Dionysisch sind die „glückseligen Inseln", ist das „Kind mit dem Spiegel", ist die „azurne Glocke über allen Dingen" ist der „Fürsprecher des Kreises", das Fischefangen auf den Bergen und die Abneigung gegen die Spinnen, ist die ewige Wiederkehr und die Liebe zur Ewigkeit. Dionysisch sind die Verwandlungen und ist die Wertung des Staates, der als nichtdionysische Gemeinschaft verworfen wird. So heißt es: „Aber von Zeit und Ewigkeit sollen die besten Gleichnisse reden: ein Lob sollen sie sein und eine Rechtfertigung aller Vergänglichkeit? Worin liegt zuletzt die Rechtfertigung der Vergänglichkeit? Darin, daß die Ewigkeit und der Augenblick eines sind, daß sie durch den Fortfall der Zeit eines und ununterscheidbar werden. Nietzsche führt das nicht aus; wir werden sehen, wie er in seiner Lehre von der ewigen Wiederkehr an einer absoluten Zeit festhält und wie er seine Komposition mit ihr beschwert. Im Kapitel „Vom Biß der Natter" beißt die Natter Zarathustra in den Hals und windet sich traurig davon, nachdem sie ihn erkannt hat. Zarathustra tröstet sie; ihr Gift kann ihm nicht schaden. Er fordert sie auf, ihr Gift zurückzunehmen, da sie nicht reich genug sei, es zu verschenken, es an der falschen Stelle zu verschwenden. Nun leckt sie ihm die Wunde aus. Diese Stelle ist mythisch genau, bedarf daher auch nicht der moralischen, das heißt unmoralischen Auslegung, die Zarathustra ihr gibt. Von hier aus ist einzusehen, daß jene andere Erzählung von der Schlange, die dem schlafenden Menschen in den Hals kriecht, deren Kopf er abbeißt und ausspuckt, nicht nur bis zum Ekel drastisch, sondern auch falsch konzipiert ist. Dergleichen kommt in der Welt des dionysischen Werdens nicht vor. Die Schlange, die sich zum Kreise rollt, ist das Tier der Wiederkehr und deshalb das heilige Tier des Dionysos.

Im vierten Teile des Buches versammeln sich die höheren Menschen in der Höhle Zarathustras. Er nimmt sie als seine Gäste darin auf, und es kommt zu einer engen Wohn-, Tafel- und Gesprächsgemeinschaft. Man unterhält sich und vergnügt sich auf mannigfache Weise. Außer Zarathustra, seinen Tieren und dem Esel der Könige befinden sich in der Höhle die beiden Könige, die ihr Reich verlassen haben, der alte Papst, der freiwillige Bettler, der alte Zauberer, der Schatten, der

Gewissenhafte des Geistes, der traurige Wahrsager und der häßlichste Mensch. Ein Prinzip der Auswahl führt diese kleine Gesellschaft zusammen; sie erkennt in Zarathustra ihren Meister. Der häßlichste Mensch ist offenbar nicht schon wegen seiner Häßlichkeit ein höherer Mensch; er wird es durch sein Leiden und die Erkenntnis, die er gewinnt. Man könnte erwarten, auch den schönsten Menschen in der Höhle zu treffen, doch ist er nicht darin. So liegt der Gedanke nahe, daß die höheren Menschen zugleich die schönsten Menschen sind, die auf der Erde leben. In welchem Verhältnis steht Zarathustra zu ihnen? Ist er schon der Übermensch oder ist er der höchste Mensch? Er ist der höchste Mensch, er lehrt den Übermenschen. Der Übermensch ist noch nicht da, er soll erst kommen. Denn auch die Gesetzestafeln sind noch nicht fertig, sie sind erst halb beschrieben. Erst wenn sie vollendet und ganz beschrieben sind, ist die Zeit des Übermenschen gekommen. Die Tafel und ihre Symbolik erscheint hier an der falschen Stelle; durch die Tafel wird die Seinsordnung nicht aber das Werden und die Wiederkunft symbolisiert.

Der kleine Kreis, der sich um Zarathustra bildet, ist aus sehr verschiedenartigen Gästen zusammengesetzt. Wer sind sie? Die beiden Könige und der alte Papst sind die Häupter der weltlichen und geistlichen Herrschaft, also die Archetypen einer Typenordnung, die zerbrochen ist und von der sie sich losgelöst haben, denn es gibt jetzt keine Könige und Päpste mehr. Die Könige bringen Zarathustra den Esel, damit er auf ihm reite, denn die Herrschaft soll jetzt dem höchsten Menschen gehören. Der alte Papst ist auf der Wanderung, wie denn alle Gäste und Freunde Zarathustras auf der Wanderung sind. Nach dem Tode jenes Waldeinsiedlers, der in seinem Walde noch nichts davon gehört hatte, daß Gott tot sei, sucht er Zarathustra, denn er erkennt in ihm „den Frömmsten aller derer, die nicht an Gott glauben". Der freiwillige

Bettler ist ein Asket milder Observanz, der sich vor den Menschen in die Einsamkeit und zu den Kühen zurückgezogen hat. Der alte Zauberer gehört zu den Schauspielern. Der traurige Wahrsager ist ein Verkünder des Nihilismus. Der Gewissenhafte des Geistes, der im Sumpf bei den Blutegeln lebt und das Gehirn des Blutegels besser kennt als jeder andere, ist der methodisch strenge und exakte Wissenschaftler. Der Schatten, welcher der Schatten Zarathustras ist und ihm unermüdlich nachläuft, ist ein „freier Geist und Wanderer", der ohne Ziel und Weg umherstreift, unstet und vielleicht nach einem strengen Gefängnis lüstern, in dem er schlafen, ruhen und Sicherheit genießen kann. Den häßlichsten Menschen kann man als Erfindung betrachten, insofern es einen häßlichsten Menschen nicht gibt. Denn wer wollte bestimmen, wer der häßlichste Mensch ist. Er wird hier eingeführt, um die Lehre von der ewigen Wiederkehr zu bestätigen.
Die höheren Menschen sind insgesamt nicht hoch genug für Zarathustra, wecher der höchste Mensch ist. Sie lernen bei ihm und durch ihn. Sie sind Vorzeichen, Vorväter, aus deren Samen der wahre Erbe erwächst. Woher sollte er auch erwachsen, wenn nicht aus den höheren Menschen. Sie gehören noch nicht den Herrschern der Zukunft an, sind nur deren Ahnen. Zarathustra hat mit den höheren Menschen Umgang, erholt sich aber manchmal von ihnen, wenn ihm dieser Umgang lästig wird und er Einsamkeit und freiere Luft braucht.
Der Übermensch hat einen Komplementär, den letzten Menschen. Der Übermensch und der letzte Mensch sind zusammen, sind zugleich da. Nietzsches Denken, das eine Bewegung auslöst, wird den Übermenschen auf den Plan rufen; der Nivellierungsvorgang bringt den letzten Menschen hervor. Das Verhältnis beider wird in den Aufzeichnungen aus dem Nachlaß umrissen: der Übermensch ist nicht der Herr des letzten Menschen, denn beide leben nebeneinander und halten

sich voneinander getrennt. Die Übermenschen bleiben gleich epikurischen Göttern außer Sicht des letzten Menschen. Sie werden von Nietzsche auch als epikurische Götter beschrieben. Jeder von ihnen ist „Cäsar mit der Seele Christi". Die höheren Menschen, die sich in der Höhle versammeln, sind samt und sonders schon auf der Flucht vor dem letzten Menschen und suchen bei Zarathustra Schutz vor ihm. Sie sind im Wendepunkt, insofern die Lehre von der ewigen Wiederkehr der Wendepunkt der Geschichte ist. Da der häßlichste Mensch, derjenige also, der sich am schwersten zu ihr bekennen wird, den dieser Entschluß am meisten kostet, das freiwillig tut, müssen wir annehmen, daß dieser Wendepunkt eingetreten ist. Er ist in dem Augenblick eingetreten, in dem die Lehre von der ewigen Wiederkehr konzipiert wurde; in dem Bekenntnis des häßlichsten Menschen liegt die Bestätigung dafür.

Die Einlagen im „Zarathustra" bedürfen einer besonderen Betrachtung, denn sie unterscheiden sich in der Komposition wie den sprachlichen Mitteln von dem anderen Text. Nach Form und Gehalt erwecken sie zunächst den Anschein von Burlesken, bei denen parodierende und travestierende Bestandteile durcheinander gehen. Sie sind in freien Rhythmen gesetzt, denen ein metrischer Kalkül nicht immer abzugewinnen ist; oft sind sie nicht mehr als in Verse abgeteilte Prosa. Diese Lieder stehen nicht nur im „Zarathustra", sie sind zugleich Lieder von und für Zarathustra, Gesänge, in denen er sich selbst, in denen sich Nietzsche auslegt. Der Zauberer ist ein Schauspieler, der in seinem ersten Liede Zarathustra auf die Probe stellt, ihn auf Herz und Nieren prüft und zugleich in das Netz des Gesanges einzufangen sucht. Dieser Ansatz ist nicht tief genug, der Sänger wird als Falschmünzer entlarvt und zum Lohne für den Gesang mit Stockschlägen traktiert. Sein zweites Lied ist noch listiger und versucherischer als das erste. Der Zauberer entdeckt in Zarathustra, was Nietzsche in sich selbst findet, die nicht endende Kontroverse zwischen dem „Freier der Wahrheit" und dem „nur Narr!, nur Dichter!" Als Freier der Wahrheit ist Nietzsche nicht dionysisch, denn Dionysos ist kein Freier der Wahrheit. Als Narr und Dichter aber muß er dieses Werben um die Wahrheit aufgeben, denn Narr und Dichter werben nicht um sie; beide leben in einer imaginierten, imaginären Welt. Wenn also der Zauberer Zarathustra den Vorwurf macht, daß er nur Narr und Dichter sei, so trifft er damit ein bestehendes Paradoxon. Wozu noch Denker und Wahrheitssucher sein, wenn es keine Wahrheit, keine wahre Welt gibt? Warum nicht zur Selbstaufhebung des Denkers, zum Narren weitergehen, warum nicht die Larve des Wahrheitssuchenden ablegen? Warum nicht in den vollen Strom des dionysischen Werdens eingehen, warum nicht in ihm untergehen? Wir werden sehen, wie weit der „Wille zur Macht" auf diesem Wege vorangeht. Gegen den Gesang protestiert der Gewissenhafte des Geistes, unter dem wir uns den exakten Wissenschaftler vorzustellen haben. Er protestiert gegen die Selbstaufhebung des Denkens und nimmt dem Zauberer die Harfe weg. Er sucht nach Sicherheit, denn in ihm ist Angst, und aus dieser Angst wächst seine Wissenschaft. Aber der Protest dringt nicht durch. Zarathustra macht sich über seine „Wahrheit" lustig, und der Zauberer freut sich des Sieges, den er über die höheren Menschen errungen hat. Sie geben den Gewissenhaften des Geistes preis, denn sie haben kein Vertrauen in die Wissenschaft mehr.

In „Die Wüste wächst" finden wir ein afrikanisches Intermezzo. Dieses Lied wird vom Schatten Zarathustras mit Gebrüll gesungen, welchen Gesang er mit der Harfe des Zauberers begleitet. Das sind recht verschlungene Verhältnisse. Und nicht von ungefähr steht es fast am Ende des Ganzen.

Der Schatten singt es als „Nachtisch-Lied", als eine „Nachtisch-Nuß", als „Nachtisch-Psalm". Aber das Lied ist, wie er bemerkt, alt, ist lange vorher von ihm unter Töchtern der Wüste gedichtet und vor ihnen gesungen worden. Dudu und Suleika waren die Zuhörerinnen, keine Europäerinnen, keine Damen, sondern Katzen, Sphinxe mit Krallen und Beißzähnen, Afrikanerinnen, die sich noch auf die alte Kunst des sich Räkelns, des sich Sonnens und müßigen Schweigens verstehen, auf die Kunst der Siesta, sich auch, von einigen Tränen abgesehen, die ihnen der Gesang erpreßt, durchaus schweigsam verhalten. Die Situation des Sängers ist die folgende: er ist nahe der Wüste und doch schon wieder fern der Wüste, dabei in nichts verwüstet, denn er sitzt in der fruchtbaren Dattelpalmen-Oasis, ist „hinabgeschluckt" von ihr. Er sitzt da, „ohne Zukunft, ohne Erinnerungen" und betrachtet eine Palme, die auf einem Bein steht, also wohl, wie er schließt, das andere verloren hat. Die burleske, groteske Note ist hier viel stärker als in den beiden Zaubererliedern; zugleich bemerkt man, daß alles bis zum Reißen angespannt ist. Die burleske Lässigkeit des Vortrages kann das nicht verbergen. Etwas Gefährliches steigt mit diesem Gesange herauf, ohne daß zunächst bemerkbar wird, von woher es kommt. Es liegt nicht im Hohn und Spotte; diese sind wie Gitter, hinter denen sich noch etwas anderes zurückhält, für das es auch diese Gitter nicht mehr gibt. Die Situation scheint zunächst unbedenklich, ja voller angenehmer Erwartungen und Versprechungen zu sein, wenn man auf die beiden schönen Mädchen achtet, die dem Gesang lauschen, auch wohl als Besitztum des Sängers betrachtet werden müssen. Aber dieses kleine Auditorium ist stumm und in nichts an der Aktion beteiligt, die einen anderen Gang nimmt. Die Situation ist die des Schattens; es ist sein Lied und Nietzsches Lied, das hier gesungen wird. Eine Art von tödlichem Salto verbirgt sich in schneidender Ironie und Buffonerie. Der Gang des Denkens geht ins Nonsensikale, dem Gesang liegt eine Dialektik zu Grunde, die selbstvernichtend ist. Dieser Gesang ist der extremste Punkt, bis an den der ganze „Zarathustra" vorgetrieben ist und fällt durch seinen Ton schon aus ihm heraus. Die Schlußzeile aber macht deutlich, daß hier in der wunderlichsten Einkleidung ein Stück Geschichtsphilosophie vorliegt, ein durchlebtes, vorweggenommenes, mit prophetischem Auge erfaßtes. Dieser letzte Vers, dieses „Die Wüste wächst: weh dem, der Wüsten birgt!", hat eine merkwürdige Kraft. Der ganze Gesang erscheint nun als Rätsel, das durch einen rätselhaften Schlußvers erhellt und aufgelöst wird. Würde dieser Vers fehlen, dann müßte der ganze Gesang eine andere, harmlosere Deutung erfahren. Nun aber wird klar: die Katastrophe steht bevor, ihr Anhauch ist da. Warum wächst die Wüste, wer bringt sie zum Wachsen? Sie wächst, weil der Mensch die Wüstenbildung befördert. Zwischen der Wüste und dem Menschen besteht eine Entsprechung, die Schritt für Schritt wahrnehmbar wird. Aller „Europäer-Heißhunger", alle „Europäer-Inbrunst" und alles europäische „Tugend-Geheul" steht hinter diesem Vorgang und steuert ihn. Betrachtet aber wird er von einem Punkte aus, der außerhalb Europas liegt, von einem Richtpunkt her, der Distanz zu dem Vorgang gibt. Wehe dem Menschen, der Wüsten in sich birgt und aus sich entläßt. Und wehe dem Menschen, der die Kraft verloren hat, Oasen um sich zu bilden, in diesen Oasen die Vernichtung zu überstehen. Er wird verdursten, untergehen, verschwinden.

Die höheren Menschen bejubeln das Lied des Schattens. Und gleich darauf feiern sie das Eselsfest, sie beten den Esel an. Diese Stelle ist eine der merkwürdigsten im „Zarathustra"; sie ist dionysisch-christlich. Wahrscheinlich ist es Nietzsche nicht zum Bewußtsein gekommen, daß das, was er hier schildert, nichts anderes als das Festum asinorum, das mittelalterliche Eselsfest ist, die Eselsmesse, wie sie vom Volke gefeiert wurde. Auch der Narrenpapst fehlt in der Höhle nicht. Diese Eselsmesse, wie sie im Mittelalter gefeiert wurde, ist ein Bestandteil des Narrenfestes, des Festum stultorum, fatuorum, innocentium, gehört zur Feier der kirchlichen Myterien und ist eine Messe, die von einem Priester zelebriert wird. Ein lateinischer Lobgesang wird auf den Esel angestimmt, die einzelnen Meßgesänge enden mit einem Eselsgeschrei, die Messe aber mit einem dreimaligen Y-a des zelebrierenden Geistlichen und des gegenwärtigen Volkes. Beim Narrenfest wurden die gottesdienstlichen Handlungen in den Kirchen selbst unter Vorsitz eines Narrenbischofs oder Narrenpapstes parodiert, für welchen Zweck man besondere Meßbücher gebrauchte. Mit diesem „Unfug", den die theologische Fakultät der Universität Paris lange verteidigte und in Schutz nahm, räumte die Kirche auf. Zu der Eselsmesse, die in der Höhle stattfindet, eilt Zarathustra herbei und erhält lauter Schelmenantworten. Dann bekehrt sich der häßlichste Mensch zur ewigen Wiederkehr. „Das trunkene Lied" ist die Hymne auf die ewige Wiederkehr. Löwen und Tauben kommen nun zu Zarathustra, daß heißt der dionysische Festzug beginnt sich zu formieren, doch ist den höheren Menschen die Teilnahme an ihm versagt; sie werden von den Löwen fortgetrieben. Zarathustra spürt, daß ihn das Mitleiden mit den höheren Menschen verläßt; er ruft den großen Mittag herauf.

Die Liedeinlagen im „Zarathustra" und die „Dionysos-Dithyramben" gehören zusammen. Nietzsche hat sie in der Reinschrift des Jahres 1888 vereinigt und das erste Lied des Zauberers „Klage der Ariadne" genannt, eine Benennung, die zu einer neuen Deutung des Textes zwingt. Die „Dionysos-Dithyramben sind rhythmisch durchgebildeter, lyrischer und musischer als die Einlagen im „Zarathustra". Das Burleske und Groteske tritt zurück, das Paradoxon bleibt. Wer singt sie? Werden sie von und für Zarathustra, von und für Nietzsche gesungen? Ja, Nietzsche identifiziert sich mit Zarathustra; beider Situation wird die gleiche, die des Abgrundes, der Einsamkeit. Der Abgrund gewinnt die Tiefe des Unentrinnbaren, die Einsamkeit wird so groß, daß keine Menschenstimme mehr in sie eindringt. So sind die Dithyramben — und das unterscheidet sie vom „Zarathustra" — die Gesänge eines Abschiednehmenden, Fortgehenden, dem Tode sich Zuwendenden. Der Reichtum Zarathustras ist so groß, sein Überfluß so gewaltig geworden, daß er alle arm macht. Niemand liebt den Überreichen, niemand dankt ihm, vielmehr muß er allen danken, die von ihm nehmen; sein Reichtum quält ihn mit übervollen Scheuern. Er muß sich erst selbst verschenken; man muß ihm wie einem, der Gold verschluckt hat, den Bauch aufschlitzen. Er muß erst ärmer werden, wenn man ihn lieben soll. Das ist der Gesang „Von der Armuth des Reichsten". In dem Gesange „Zwischen Raubvögeln" ist die Situation die gleiche, aber drohender noch, denn der Abgrund tut sich in seiner ganzen Tiefe auf, und Zarathustra ist seine Beute, hat sich selber erjagt, ist die Beute seines eigenen Abgrundes geworden. Abyssus invocat abyssum. Er suchte die schwerste Last, sich selbst, jetzt wirft er sich selbst nicht mehr ab, ist nur noch ein Fragezeichen und müdes Rätsel. Auch der Gesang „Die Sonne sinkt" wird am Abgrund gesungen. Es endet der Tag, des Lebens, und der Abend kommt. Die Heiterkeit kommt als der heimlichste und süßeste Vorgenosse des Todes; sie kommt in vollkommener Stille, Meeresglätte und Vergessenheit. Da, in der siebenten Einsamkeit, löst sich der Nachen und gleitet hinaus. Im „Feuerzeichen" ist Nietzsche der Fischer auf hohen Bergen, der Einsiedler in der siebenten Einsamkeit. In „Ruhm und Ewigkeit" ergreift ihn der Ekel vor dem Ruhm und dessen Käuflichkeit. Es gibt keinen

Ruhm mehr, er liebt nur noch die Ewigkeit. „Letzter Wille" ist der Wille gut und siegreich zu sterben. Dieser Zyklus von Dithyramben hat, wie er spüren läßt, keinen Zuhörer mehr, geschweige denn ein Auditorium. Es ist kein Ohr mehr da, das ihn aufnimmt. Die Einsamkeit, in der er gesungen wird, ist zugleich Verlassenheit und hat eine Ferne und Leere, welche die Stimme kaum noch trägt. Der Sänger zerbricht samt seinem Instrument; er hört nun auf zu sprechen und zu singen, das Schweigen beginnt. Es ist etwas aufs äußerste Angespanntes in diesen Gesängen, ein Ziehen und Reißen an allen Saiten, eine mühsame Torsion. Daher das Schrille und Grelle in ihnen. Die Anspannung ist auf dem Gipfel. Aber das Unheimliche in ihnen kommt nicht von der heftigen Aktion, liegt vielmehr außerhalb des Ausgesagten. Von außen her naht etwas anderes, stumm und doch zwingend. Es ist, als ob das Wasser lautlos und dunkel in der Nacht über die Deiche stiege.

HÖLDERLIN UND NIETZSCHE

Nietzsches Leben und Werk läßt sich mit dem von Hölderlin vergleichen. Ein solcher Vergleich hat nichts Gewaltsames; das ihnen Gemeinsame ist unverkennbar. Der junge Nietzsche war ein Verehrer Hölderlins, er liebte den Dichter, aber er hatte keinen Überblick über sein Werk. Er kannte die späten Fragmente nicht, die auf eine unbekannte Zukunft angelegt sind und verschollen waren. Auf welche Zukunft sind sie angelegt? Beziehen sie sich auf eine Zeit, die kommt, auf eine geschichtliche Epoche, die in ihnen vorweggenommen wird? Kann man von ihnen sagen, daß das, was sie aussprechen, auf eine nachprüfbare Weise geschehen wird? Sind sie Prophezeiungen, die eintreten werden und auf die man bei ihrem Eintreten mit dem Finger weisen kann? Nein, ihre Voraussicht ist eine andere. Und was sie bewirken, wäre so nicht zu fassen. Es ist ein Akt der Wiedererkennung, zu dem sie hinführen. Der in der Geschäftigkeit seines äußeren Daseins sich verlierende Mensch wird in ihnen angerufen, wird zurückgerufen. Der Mensch, der sein Bild nicht verloren hat, erkennt sich in ihnen wieder, und indem das geschieht, geht eine Wandlung mit ihm vor. Die Zukunft faßt sich hier wie in jeder genauen, tiefen Aussage als Ursprung. Was nicht zugleich Ursprung ist, das hat keine Zukunft. Der Mensch wird an die Quelle, an den Lauf und Fortgang der Ströme gestellt. In der Unschuld seines Seins und Werdens wird er dargestellt. Da alles um ihn auf den göttlichen Ursprung hinweist, soll auch er sich wieder vergöttlichen. Er soll sich in die Einfachheit seines Ursprungs tauchen, soll ins Ungeteilte, Unvermessene zurückkehren und seine Festlichkeit zurückgewinnen. Denn er lebt jetzt in der äußersten Fremde und Entfernung vom Ebenbild; er hat etwas Trübes, Finsteres, Entstelltes. Er soll gewandelt werden. Es ist die Fähigkeit des Dichters, solche Wandlungen hervorzurufen; diese Fähigkeit bestimmt ihn zum Dichter. Ein Dichter, der nichts verwandelt, der sich in der Sprache nicht mit verwandelnder Kraft bewegt, ist nicht zu denken.

Was Hölderlin und Nietzsche gemeinsam ist, ist die tiefe Aufmerksamkeit, mit der sie die Griechen betrachten, ist ihre Fähigkeit, ganz verschüttete Bereiche des griechischen Lebens sichtbar zu machen. Gemeinsam ist ihnen das Staunen, die Bewunderung, die mächtige Steigerung des Lebensgefühls, die sie angesichts dieser versunkenen Welt ergreift. Gemeinsam ist ihnen die Ehrfurcht vor dem homerischen Menschen und dem Menschen der Tragödie. Merkwürdig bleibt immer, daß beide mit einer Empedokles-Tragödie beschäftigt waren. Ein Vergleich dieser Fragmente gibt gute Aufschlüsse. Die Neigung zu dem Denker, der sich in den Feuerkrater des Vulkans stürzt, macht ihre eigene bedrohte Situation deutlich. Beiden ist das Verhältnis zum Abgrund eigen, beide ziehen ihre Kraft aus der Gefährdung. Mußte nicht auch ihr Ende sich gleichen? Ihr Geist altert nicht mit dem Körper. Sie verstummen, wenden sich ab, gehen in das Schweigen und die Nacht ein. Dieses Ende ist ein Geheimnis, doch wird deutlich, daß die Entscheidung im dionysischen Bereich fällt.

Welcher Konflikt ist es, der hier ausgetragen wird, und wo schürzt sich der Knoten? In dem Gedichte „Natur und Kunst oder Saturn und Jupiter" wendet sich Hölderlin gegen Zeus und fordert von ihm die Anerkennung des Saturn (Kronos):

> Doch in den Abgrund, sagen die Sänger sich,
> Habst du den alten Vater, den eignen, einst
> Verwiesen und es jammre drunten,
> Da, wo die Wilden vor dir mit Recht sind,

Schuldlos der Gott der goldenen Zeit schon längst;
Einst mühelos und größer, wie du, wenn schon
 Er kein Gebot aussprach und ihn der
  Sterblichen keiner mit Namen nannte.

Herab denn! oder schäme des Danks dich nicht!
Und willst du bleiben, diene dem Älteren
 Und gönn' es ihm, daß ihn vor allen
  Göttern und Menschen, der Sänger nenne!

Diese Strophen sind merkwürdig, denn offenbar bricht in ihnen ein lange gestauter Unmut Hölderlins hervor. Und in der schroffsten Weise spricht er sich aus. Er fordert nicht weniger, als daß der ganze titanische Bereich von den olympischen Göttern wieder in sein Recht eingesetzt werde, daß Zeus dem Kronos danke und diene. Geschieht das, dann will auch der Dichter freudig den König und Gesetzgeber Zeus anerkennen. Von Kronos kommt alles, was Zeus sein nennt, was er gebietet, und alle Macht der olympischen Götter ist aus den alten Freuden des goldenen Zeitalters erwachsen. Eine Kühle und Fremde gegenüber den olympischen Göttern ist bei Hölderlin unverkennbar; seine Neigung zu den Titanen (Gaia, Helios, Mnemosyne), zum Äther, zu den Halbgöttern, Heroen und Strömen spricht sich deutlich aus. Dem Leben der Gebirge, der Ströme und Bäume sinnt er vorzüglich nach; er heiligt die Natur in ihrer Wiederkehr. Er fühlt sich in der schicksalslosen, in der geschichts- und gesetzlosen, das heißt kunstlosen Herrschaft der Titanen wohl und erfrischt und erneuert sich in ihr. Deshalb ist er auf einen Ausgleich zwischen Titanen und Olympiern bedacht, auf eine Versöhnung, die, wenn sie zustande kommt, das Herrscheramt des Zeus bestehen läßt, aber eine erhöhte Verehrung der Titanen in sich einschließt. Dieser Gedanke einer neuen Versöhnung zwischen Vater und Sohn, einer Verschmelzung der mythischen Zeitalter, einer Erweiterung des Olymps hat ihn lange und immer wieder beschäftigt. Die Kontroverse wird in der Hymne „Die Titanen" wieder aufgenommen. An ihrem Schlusse heißt es, daß der „Allerschütterer" — womit hier nicht Poseidon, sondern Zeus bezeichnet ist —:

> in die Tiefe greifet,
> daß es lebendig werde,

worauf es im Abgrund zu dämmern beginnt und die Titanen sich mächtig regen. Denn der „ungebundene Abgrund" ist der titanische Bereich, die titanische Tiefe, die allesmerkend ist. Die Himmlischen werden vor dem Ansturm nicht schwach, doch kommen die Gegenkräfte zu vollem Erwachen, die Gärung geht Zeus selbst bis an den Scheitel. Dann kommt er wunderbar im Zorne. Hölderlin sieht hier und in anderen Fragmenten mit schärferem Auge auf das Wirken der Titanen und auch der Giganten, die der „Reiniger Herkules" vertrieb. In „Noch Eins ist aber zu sagen", werden die „Titanenfürsten" als Räuber bezeichnet, welche „die Gaaben der Mutter greifen", also die Gaia selbst bedrängen und einschränken. In diesen Gedanken verbergen sich Auseinandersetzungen, die weit reichen. Wo Hölderlin vom Abgrund spricht, ist der titanische Bereich bezeichnet, zu dem die Sterblichen, wie er sagt, eher reichen als die Götter. Warum reichen die Menschen eher in den titanischen Abgrund als die Götter? Weil die Titanen ihnen näher sind als die Götter, weil das titanische Wesen den Menschen gemäßer ist und sie sich leichter in ihm verlieren. Jene Fragen, die Nietzsche beschäftigen, sind schon bei Hölderlin in nuce enthalten: die Heraufkunft des Nihilismus, die Umwertung der Werte, die Lehre von der Wiederkehr. Nur fassen sie sich bei ihm anders. Hölderlin möchte den Menschen vor dem fessellosen Gang in die Vernichtung durch eine neue große Versöhnung bewahren. Die Schwierigkeit dieser Aufgabe liegt darin, daß in der Gegenwart nur mehr Titanen da sind, nicht aber

Götter. Damit aber hängt die Armut der Zeit zusammen, damit der Zweifel des Dichters an seinem eigenen Amt, denn wozu bedarf es „in dürftiger Zeit" des Dichters? In solchem Leben, in dem die Götter verschwunden sind, in dem sie den Menschen „so sehr schonen", daß er sie nicht mehr wahrnimmt, daß sein Leben nur noch „ein Traum von ihnen" ist, bedarf es keiner Dichter mehr, und der Dichter täte besser daran zu schlafen, als ganz ohne Genossen seinen Gesang anzustimmen. Denn offenbar genügt es nicht, daß er nur das Gefühl des Verlustes ausspricht, daß er sich verneinend zum Vorhandenen verhält. Er kann in der vollkommenen Ruhmlosigkeit des Geschehens, kann in der vernutzenden Geschäftigkeit nicht gedeihen. Hier nun, im siebenten Abschnitt der Elegie „Brot und Wein" kommt der Vergleich der Götter mit den Priestern des Dionysos, die von Land zu Land ziehen, die nicht überall und zu gleicher Zeit kommen, sondern festlich auftauchen und verschwinden, im Verschwinden aber ein Dunkel und ein Gefühl des Verlustes zurücklassen. Die Entscheidung zwischen titanischem und dionysischem Werden fällt bei Hölderlin für Dionysos. Er wird in der Hymne „Dichterberuf" als der Schlaferwecker gefeiert; sein Befreieramt wird dargestellt. Das Gedicht hat etwas Zorniges und Klagendes; der Unmut gegen den Menschen, der sich ungöttlich und amusisch im Tagesgeschäft verbraucht, spricht sich darin aus. Nicht die Menschwerdung der Götter, die Vergöttlichung des Menschen ist Hölderlins unmittelbares Anliegen. Dort, wo sie sich vollzieht, rücken die Götter in ihrer leiblichen Wirklichkeit, Nähe und Anwesenheit sofort an den Menschen heran; ihr Dasein und Wirken wird für das Auge sichtbar. Sie sind nicht mehr jenseits des götterleeren Abgrunds der Geschichte, der zwischen ihnen und dem Menschen immer tiefer und weiter klafft; sie zeigen sich wieder. Sie zu zeigen, ist das Anliegen des Dichters. Jetzt aber wird der Mensch auf andere Weise gefährdet, nicht mehr durch den Mangel, sondern durch die Fülle und Herrlichkeit. Der sich nahende Gott ist wie das Feuer selbst, ist Blitz, Fackel, Pfeil und hat etwas durchaus Tötendes, dem der Mensch nicht gewachsen ist. Das Gedicht wird nun zu einer Art Schutzwehr oder Gabe, die zwischen dem Menschen und dem Gotte sich aufrichtet; die Begegnung wird in der Sprache sichtbar. Sie gewinnt eine numinose Kraft, etwas unvergleichlich Eindringendes, Genaues, Beschwörendes, Rufendes. Die alten Metaphern und Konventionen des Wissens, in denen die Sprache erstarrte, werden zerstört. Dabei verfährt Hölderlin scheu, furchtsam, innig und doch mit einer Entschlossenheit, die vor nichts zurückbebt. Dieses ganz und gar Reine der Sprache darzustellen, ist eben jenes gefährliche Anliegen, mit dem der Dichter beschäftigt ist. Er kann sie nicht als Medium behandeln, denn sie ist selbst Geist, ist das Geistigste, mit dem der Mensch befaßt ist. Die Sprache ist Mensch, der Mensch Sprache. Es gibt nichts Geistigeres als dieses Wort, diesen Satz, in dem alle Kausalität vernichtet ist, jedes Verhältnis von Mitteln und Zwecken aufgehoben wird. Hölderlin greift in der Sprache nie fehl und bewegt sich in ihr mit unbeirrbarer Sicherheit. Sie löst sich in Rhythmus und Wohllaut so rein vom Schweigen ab, daß sie den Hörenden schmerzt, daß ihre Konturen durch die zarteste Schärfe verwunden. Denn er nimmt die Sprache ganz als Leib; sie kann für ihn kein Mittel der Verständigung mehr sein. Mag der Mensch sie als solches Mittel behandeln, als Werkzeug und Instrument, der Dichter kann sie nicht so behandeln, denn ihm ist sie unvergleichlich mehr. Indem er so mit der Sprache umgeht, erscheint er den anderen als Tor, als Narr und entfernt sich aus dem Umkreis ihrer Geschäftigkeit. Unvermeidlich wird nun, daß bei Hölderlin das Dionysische und das Christliche aufeinanderstoßen; es kommt zu einem Streit, der alle Kräfte des Dichters in Anspruch nimmt, der über seine Kräfte hinauszugehen droht. Der Weingott ist, wie

es in der Hymne „Der Rhein" heißt, „heilige Fülle", er ist „thörig göttlich". In „Der Einzige" wird die Lage so dargestellt: Christus ist nicht unter den alten Göttern, bei denen der Dichter weilt. Der Dichter sucht nach ihm, sucht ihn so sehr, daß die Himmlischen zürnen; sie zürnen, weil er ihm allein dienen will. Dient er nur einem, dann fehlt ihm das andere, die Himmlischen fehlen ihm. Aber daß er Christus sucht, heißt nichts anderes, als daß er nicht da ist, daß er bei den Christen nicht anzutreffen ist — wozu brauchte er ihn sonst zu suchen? Daß er an Christus so sehr hängt, bezeichnet der Dichter als seine eigene Schuld. Er bekennt, daß Christus der Bruder des Dionysos ist. Wie aber ist das zu fassen? Christus und Dionysos werden in Verwandtschaft gesetzt, das Dionysische wird dem Christlichen gleichgestellt. Der Sinn ist kein anderer, als daß dem Christentum etwas fehlt, wenn Dionysos fehlt; diesen Mangel empfindet der Dichter als eigene Schuld. Die Schlußverse: Die Dichter müssen auch
Die geistlichen weltlich seyn

fassen den Gang des Gedichtes zusammen und sind nicht ohne Bezug auf Dionysos. Der dionysische Zug des hölderlinschen Gedichts wird jetzt stärker und stärker, seine Architektonik verändert sich, das Dithyrambische tritt hervor. Der feste, vermessene Bau antiker Strophen genügt nun nicht mehr, der in freien Rhythmen gebildete Hymnus tritt an ihre Stelle. Die Sprache in „Patmos", die Bilder, die Landschaften sind dionysisch. Das sehnsüchtige Ziehen und Schweifen beginnt, die Wanderungen beginnen, die, anders als in der Elegie „Der Wanderer", nach der Mündung der Donau, nach Griechenland, dem Kaukasus, Kleinasien, den Inseln bis nach Indien hinführen, in die Gefilde des triumphalen dionysischen Fest- und Siegeszuges. In „Patmos" wird Dionysos nicht genannt und ist doch immer gegenwärtig, am fühlbarsten im „Geheimnisse des Weinstocks", bei dem Christus und seine Jünger zusammensitzen. Das Geheimnis des Weinstocks ist ein dionysisches Geheimnis. Bleibt dieser dionysische Weinstock durch das Christentum unverletzt, dann läßt sich sagen: es ist gut. Unter ihm läßt sich ruhen; in der Fülle seiner Frucht ist das Gedeihen. Wird er aber verletzt, wird er gar ausgeschnitten und beseitigt, dann leidet der Mensch, der Mangel wird fühlbar. Eine Hymne wie „Patmos" hat nichts Apollinisches. Die Art ihrer Feierlichkeit und Festlichkeit, die Neigung von der Blüte zur Frucht, das Schwellende und Strömende des Rhythmus, das Werden der Sprache und ihrer Bilder, das alles ist dionysisch. Die Verehrung der Ströme ist es. Die Sprache sättigt sich, erreicht Stufen einer neuen Fülle, erhält eine neue Gesetzlichkeit der Bewegung, einen Zug von Kraft, den der Dichter nur mit Mühe, mit seiner höchsten intellektuellen Kraft bändigt. Zuletzt gelingt es ihm nicht mehr. Die Aussage läßt sich in eine vollendete Form nicht mehr zwingen, der Ausdruck wird fragmentarisch, mühevoll, schwierig und suchend, das Gebilde bleibt Torso. Die Sprache zerbricht, sie steuert auf das Zerbrechen zu. Sie muß zerbrechen, weil sie auf ein ganz Unmittelbares aus ist, das durch Wort und Satz und nicht einmal mehr durch den Rhythmus zu fassen und zu bändigen ist. Die Sprache erhält in dieser Mühsamkeit der Aussage etwas durchaus Wundes, bewußtlos Fragendes und Staunendes. Sie erleidet mit dem Dichter einen kindlichen Schmerz; ein naives Leiden spricht sich in ihr aus. Ihre Klage ist wie die Klage des leidenden Cheiron, des leidenden Herakles, abrupt, den logischen Zusammenhang preisgebend, reich an Interjektionen. Denn im Schmerze, der wie ein Feuer im Bewußtsein arbeitet, neigt sich der Mensch dem Bewußtlosen zu.

In der späten Fassung von „Der Einzige" nennt Hölderlin den Evier:

> der einsichtlich, vor Alters
> Die verdrossene Irre gerichtet
> Der Erde Gott, und beschieden
> Die Seele dem Tier, die lebend
> Vom eigenen Hunger schweift und der Erde nach gieng
> Aber rechte Wege geboten mit Einem mal und Orte
> Die Sachen auch bestellt er von jedem.

Der Gott erscheint hier in seiner Eigenschaft als Gesetzgeber, als Thesmophoros. Dionysos, Herakles und Christus werden a!s brüderliches „Kleeblatt" genannt. Und von diesem Kleeblatt heißt es: „Wie Fürsten ist Herkules. Gemeingeist Bacchus. Christus aber ist das Ende." Was Herkules, was Bacchus sind, ist mit lakonischer Deutlichkeit bezeichnet. Christus aber ist nicht nur das Ende, welches Wort dunkel bleibt, weil er das Ende nicht nur der alten Götterwelt, sondern auch der christlichen Offenbarung ist, er hat noch eine andere Aufgabe, er erfüllt nämlich:

> Was noch an Gegenwart
> Der Himmlischen gefehlet an den anderen.

Hier bricht die Hymne ab, und schon ihr Abbrechen deutet darauf hin, daß die angestrebte Versöhnung nicht gelungen ist. Der Kampf ist noch nicht ausgekämpft, er geht fort. Welchen Gang er nimmt, zeigt die „Geburt der Tragödie", zeigen zuletzt die „Dionysos-Dithyramben".

DER WILLE ZUR MACHT

Schopenhauer, der den Willen zum Ding an sich erhob — worüber Kant sehr erstaunt gewesen wäre — hielt den Willen auch an sich für böse und sann darauf, ihn lahm zu legen, ihn an der Wurzel herauszuziehen. Diesem bösen Dinge an sich beizukommen, den Menschen auf eine gründliche Weise zu kalmieren, das war sein Hauptanliegen. Er selbst blieb diesem Kalmierungsvorgange entzogen, erklärte sich auch darüber, daß er kein Heiliger sei. Er hielt sich in den Reservationen des Denkens. Seiner Überzeugung nach war er der legitime Schüler, Erbe und Fortsetzer der kantischen Philosophie. In Wahrheit hat er diese Philosophie ebenso zerstört, wie Hegel und seine Schule das taten; er hat es nur mit anderen Mitteln getan. Es ist ein merkwürdiges Bild, wie das kantische System, das letzte, das diesen Namen rechtfertigt — alsbald nach seiner Vollendung von allen Seiten angegriffen und in allen seinen Teilen umgebildet wird. Dieses System ist kein Anfang, sondern ein Abschluß; in ihm faßt sich der gesamte Denkprozeß des achtzehnten Jahrhunderts zusammen. Diesem Jahrhundert gehört Kant ganz und gar an; in ihm wurzelt er mit der gesamten Rationalität seines Denkens, das gut abgedichtet gegen alle elementaren Einbrüche ist. Ein System ist die Summe der Methoden, durch welche das Denken sich rationalisiert. Kants System hatte einen Schlußpunkt, den Verstand und Urteilskraft setzten. Der Dialektik des Hegelschen Entwicklungsbegriffes, der Willensphilosophie Schopenhauers fehlt dieser Schlußpunkt. Wenn ich von der Geschichte, wenn ich vom Willen ausgehe, dann komme ich zu keinem solchen Schlußpunkt mehr, denn Geschichte und Wille lassen sich nicht mehr in eine Methode zwingen, durch die das Denken rational entfaltet werden kann. Hier zwingt sich dem Denker ein Material auf, das niemals ganz zu bewältigen und aufzuarbeiten ist. Hier kommt es nur noch zu Versuchen der Systematisierung, denen etwas Eigenwilliges, Willkürliches anhaftet, ein Zwang, eine Anspannung, etwas Gewaltsames. Im Denken selbst kündigt sich etwas Gewaltsames an, das unbewältigt bleibt, das nur mit Zwang überwältigt wird. Es bleibt etwas Hartes, Böses, Unversöhntes zurück. Diesen Eindruck hinterläßt das kantische System nicht. Es ist ein Gebäude, das behutsam in den Zeiten der Sicherheit errichtet worden ist. Und in dieser Sicherheit ist nichts Verletzendes. Wenn die Schulen, die ihm folgen — seine eigene einbegriffen — dieses Gebäude nutzen, dann tun sie es in der Weise, in der man antike Bauten abträgt, um aus den Bausteinen neue Gebäude aufzurichten.

Die Konzeption der Willensphilosophie Nietzsches stammt von Schopenhauer, denn dieser erst rückte alle Willensmäßigkeit wieder in den Vordergrund; er verfolgt sie bis in die Schwerkraft hinein und sagt selbst, daß durch ihn „der Begriff Wille eine größere Ausdehnung erhält, als er bisher hatte". (Die Welt als Wille und Vorstellung, 2. Buch § 22). Für ihn ist selbst die vis inertiae der Dinge noch Wille. Diese Ausdehnung des Begriffs hat etwas Metaphorisches. Die Strenge, mit der er die Unfreiheit des Willens nachweist, mit der er auch die leisesten Zugeständnisse an ein liberum arbitrium als erkenntnismäßige Roheit verwirft, hängt mit seinem Urteil über den Willen zusammen. Ein so unfreies Gewächs wie der Wille verdient nicht gerühmt zu werden; wohl aber ist der Asket zu rühmen, der mit dem Untier fertig wird. Die Preisschrift Schopenhauers über den Willen, eine seiner besten, rundesten, gelungensten, hat auf Nietzsche einen lang nachwirkenden Eindruck gemacht. Schopenhauer wies nach, daß eine Wahlfreiheit nicht gegeben ist. Mit anderen Worten: er wies nach, daß der Wille Beschaffenheit ist, nicht etwas zu Erschaffendes. Die Frage ist und bleibt nun, ob sich aus der Unfreiheit des Willens schon Schlüsse gegen ihn ziehen lassen. Die Frage ist, ob man nicht das ewige Problem der Freiheit oder Unfreiheit des Willens auf sich beruhen lassen könne, es gar nicht mehr zum Ausgangspunkt der Willensphilosophie machen solle. In der Tat erlangt dieses Problem seine zentrale Bedeutung nur dort, wo der Wille verneint wird. Dort nämlich wird es zum Hebel aller Negationen. Was will denn der Wille eigentlich? Schopenhauer gab auf diese Frage eine klare Antwort: nichts Ersprießliches. Er sah in den Kausalismus aller Willensmäßigkeit hinein und erkannte in ihm eine Kette, an die der Mensch schon seit seiner Geburt, durch seine Geburt als Strafgefangener festgeschmiedet ist, als Zuchthäusler seiner eigenen Willensmäßigkeit. Für ihn war die Geburt eine Schuld, die mit dem Tode bestraft wurde, und der Vers Calderons:

        Pues el delito mayor
        Del hombre es haber nacido

die Bestätigung des christlichen Dogmas von der Erbsünde, in dem er das Fundament alles Christentums sah. Der Wille war für ihn das Bett des Prokrustes, auf dem der Mensch furchtbare Schmerzen erleidet. Der Schmerz aber, die bloße Tatsache des Schmerzes, sein Vorhandensein war für Schopenhauer ein Einwand gegen das Leben. Dem Schmerze, der aus der Willensmäßigkeit des Lebens, aus den Verletzungen und Quetschungen des Willens hervorging, spürte er überall nach. Der Schmerz überwog, und der Geruch des Leidens durchzog die Welt, also konnte es mit dieser Welt nichts auf sich haben, sie taugte nichts, sie mußte auch als ein Nichts erkannt und überwunden werden. In dieser Erkenntnis fühlt er die Verwandtschaft mit den willensverneinenden Religionen und Denkweisen. Er sieht mit staunender Bewunderung auf die Veden und Upanischaden, auf den Buddhismus und erkennt die Lehre von der Seelenwanderung, die mit einer Lohn- und Straflehre verbunden ist, als die tiefste aller Mythen. Der Gedanke einer Wiederkehr, in der das Werden sich bejaht, ist ihm ein Greuel; sein ganzes Bestreben läuft darauf hinaus, dem Weltprozeß ein Ende zu bereiten, ihn zum Stillstand zu bringen. Schopenhauer hatte den Instinkt des Asketen, aber er fürchtete den Asketen auch. Er sah mit einer Bewunderung, die mit Grauen vermischt war, auf ihn. In seinem Denken steckt Eigensinn, Widerwille, etwas Mürrisches, ein timonischer Zug der Verachtung; eine Ader von Härte und Geiz ist darin wahrzunehmen. Vor allem aber liegt in seinem Denken viel Angst; die Narben böser Erfahrungen sind unverkennbar. Die Todesangst setzte ihm zu, und diese Angst ist eng an das Geschlecht gebunden. In der Geschlechtlichkeit fand er die Wurzel aller Willensmäßigkeit; er suchte sie herauszureißen, ohne selbst von ihr freizukommen. Sie war ihm etwas Lästiges, lästig wie die Frauen, die er als lästige Wesen beschrieb. In dem Hasse, mit dem er die Frauen verfolgte, steckt auch die Ohnmacht gegenüber den gebietenden Ansprüchen des Geschlechts, gegenüber seiner Tyrannei, gegen den quälenden Despotismus des Triebes, dem durch keine Vernunft beizukommen ist, in dem die Willentlichkeit des Lebens ihren mächtigsten Triumph feiert. Er dachte nicht zärtlich und leidenschaftlich über die Frauen, wie die Dichter es zu tun pflegen, sondern kehrte gegen sie seine Bissigkeit, seinen Unmut und seine üble Laune heraus. Jene treffliche Fabel von den Stachelschweinen, die er ersonnen hat, kennzeichnet ihn selbst auf unvergleichliche Weise.

Was begeisterte den jungen Nietzsche für Schopenhauer? Es war nicht der an Kant geschulte Denker, der diese Begeisterung hervorrief, nicht der Logiker, der Erkenntnistheoretiker, nicht einmal der Schöpfer einer neuen Willensphilosophie. Was seine Begeisterung wachrief, waren die Empfindungen, mit denen dieses Denken durchtränkt ist, aus dem seine ganze Begrifflichkeit sich nährt. Es war nicht die Intellektualität des Denkers, sondern seine Willentlichkeit, die sich in der Empfindung ausspricht. In Leibnitz, Kant, Hegel ist die Intellektualität das Entscheidende, die Mitte ihres Denkens. Die Mittel des Denkprozesses entstammen ganz der intellektuellen Sphäre. Die Willensphilosophie Schopenhauers kündet einen Umschlag an, denn bei ihm wird alle Erkenntnis zur Vorstellung. Sein Denken, das dem Willen so viel einräumt, muß auch der Empfindung die größten Zugeständnisse machen, denn alle Empfindung gehört zur Willensmäßigkeit des Lebens. Hier zeigt sich der Bruch mit den rationalen Voraussetzungen der Erkenntnis; der irrationale Grund des Denkens wird sichtbar. Von ihm aus wird der Gedanke nun gesteuert, von ihm aus erhält er jenes neue Kolorit, das dem Stil dieses Denkens sich mitteilt. Mit der Willensphilosophie dringt zugleich der Elementarismus des Lebens vor, etwas Blindes, Augenloses, Gewaltsames, vor dem Schopenhauer selbst graute. Was Leben in diesem Sinne war, wußte er besser als die Denker vor ihm. Er negierte den Willen, aber nicht das ist das Entscheidende, die ungeheuren Konzessionen sind es, die er aller Willensmäßigkeit machte. Der Wille war plötzlich alles; er beherrschte den Menschen, das Tier- und Pflanzenreich, die ganze unbelebte Natur. Er wirkte als Motiv, als Reiz, als Schwerkraft, überall. Diese Erkenntnis war nur noch sein Annex, sein Anhängsel. Aus den Fangnetzen und Fallstricken des Willens sich herauszuwinden, das erschien als das schwerste aller Kunststücke. Der Asket allein führte aus dem fürchterlichen Labyrinth heraus; er allein entzieht sich dem tausendfältigen Arm und Zugriff der Schakti, der großen Weltmutter, die alles schafft, hineinschlingt und neu formt, heute und morgen, von Ewigkeit zu Ewigkeit, in stetem, sinnlosen Kreislauf. Man versteht dieses

Denken nicht ganz, wenn man nicht bemerkt, was koexistent mit ihm ist: der Anfang der Massenbildung, der Anfang einer neuen, universalen Technik. In diesen Anfängen zeigt sich die gleiche Wendung zum Elementaren wie in der Willensphilosophie.

Schopenhauer ist seinem Temperament nach Choleriker; er hat das Bedürfnis, sich seiner Galle zu entledigen. Wenn er schimpft, merkt man, daß es ihm gut tut; er kommt dadurch in Laune. Dieses Bittere und Verbitterte an ihm, sein Zynismus, sein Stolz, seine Einsamkeit, seine Unabhängigkeit zogen den jungen Nietzsche an. Er drang durch die harten Schalen zu dem Menschen selbst vor, er glaubte das wenigstens. Er liebte den Denker, der sich in seiner Frankfurter Zelle so sorgfältig isoliert und verbarrikadiert hatte. Er liebte den Polemiker Schopenhauer, der immer gerüstet ging, mit dem nicht gut anzubinden war, denn der Wucht seiner Repliken war niemand gewachsen. In dieser jugendlichen Begeisterung steckte ein Mißverständnis, insofern Nietzsche ein anderer Mensch war, musischer, heiterer, zarter, voll halkyonischer Züge, von denen bei Schopenhauer nichts anzutreffen ist. Es ist nicht leicht, sich Schopenhauer als Jüngling vorzustellen. An dem Bilde, das er hinterlassen hat, überwiegen ganz die Alterszüge, ein gewisser Widerwille, etwas Grämliches. Das ist um so mehr anzumerken, als er sein Hauptwerk sehr früh, um die Mitte seiner zwanziger Jahre geschrieben hat. Schopenhauer ist ein Mensch ohne Wachstum. Er entfaltet alle seine Kraft sogleich; er ist mit einem Male und für immer das, was er ist. Solche Menschen haben für das Geschichtliche kein Auge; sie sehen, wie Schopenhauer das tat, über die ganze Dimension der Geschichtlichkeit nichtssehend hinweg. Wohl aber haben sie Einsicht in das Unabänderliche, sich nicht Wandelnde, immer Bestehende, in feste und starre Gerüste. Ihnen ist der Glaube eigen, ein solches Gerüst gefunden und aufgezeigt zu haben.

Schopenhauers Denken hat noch etwas Statisches; selbst die Willenslehre behandelt er noch wie ein Statiker. Nietzsche aber ist ein dynamischer Mensch. Er wächst beständig, sein ganzes Leben hindurch; er hat immer die Empfindung, Häute abzustreifen und hinter sich zu lassen. Daher gehört zu seinen Lieblingstieren auch die Schlange. Er wächst und reift mehr, als daß er altert. Schopenhauers Leben macht dagegen den Eindruck eines beständigen Alterns am gleichen Orte; die Arbeit der Parzen wird an ihm sichtbar. Nietzsche läßt die Jugendgedanken und Jugendliebhabereien hinter sich, weil er sich einer stets neuen Jugendlichkeit versichert. Er läßt seine Freunde hinter sich, er durchschreitet immer neue Kreise des Lebensgefühls und verjüngt sich, indem er älter wird. Schopenhauer hat keine Freunde. Und Nietzsche hat kein Alter, denn er ist geistig nie gealtert; er verläßt die Werkstatt seines Denkens in voller Kraft und geht in die Umnachtung. Sein Leben hat nicht die Mächtigkeit des goetheschen Lebens. Goethe war ein sehr mächtiger Mensch, mächtig durch ein Leben, das immer neue Quellen sich erschloß. Bei Nietzsche tritt das Leben hinter dem Werke zurück. Er trug und ertrug nicht so viel wie Goethe, er war weniger irdisch, er wurzelte weder so breit und tief, noch ging er so hoch und weit in die Krone. Die Macht Goethes liegt in der Durchdringung alles Irdischen. Nietzsche ist schon in seiner Leiblichkeit weniger mächtig, in seiner Spiritualität mehr Flamme, Feuer, Stern, leichter, gewichtloser. Ihm fehlt, wie an seinem Satze spürbar wird, das Sinnliche der Berührung und die Berührung der Sinnlichkeit. Ein unberührter, ein verschlossener Eros ist daran zu erkennen. Er lebte, obwohl er nicht gut auf die Keuschheit zu sprechen ist, vollkommen keusch, zwar ohne Ordensgelübde, aber als Einsiedler. Zwischen seiner und Schopenhauers Lebensführung ist eine Ähnlichkeit insofern, als beide die Bedingungen heraussuchen und herausfinden, die ihnen für ihre Arbeit am zuträglichsten sind, Bedingungen, nach denen sie ihr Leben einschränken und regulieren. Von Goethe läßt sich nicht sagen, daß sein Leben im Dienste des Werkes steht, denn mehr noch steht das Werk im Dienste des Lebens, welches das Gelungenste bei ihm ist, sein eigentliches opus operatum.

Die Begegnung mit der Willensphilosophie Schopenhauers ist für Nietzsche bestimmend und entscheidend. Er übernahm diese Willenslehre in ihrer ganzen Ausdehnung, in dem ganzen Umfange, in dem Schopenhauer sie vorgetragen hatte. Er veränderte nur den Akzent, der auf ihr lag. Damit aber veränderte er alles; er veränderte das Bild selbst, er stieß alle Schlüsse um, die sich für Schopenhauer aus der Negation des Willens ergaben. Er deutete alle Befunde um, die Schopenhauer als Stütze seiner Lehre gesammelt hatte. Er brach in diese ebendort ein, wo sie ganz unwiderleglich schien. Nicht die Syllogismen, nicht die Ketten von Argumenten, die sie durchziehen, sind es zuletzt, auf die sie sich stützt, denn diese sind selbst das Stützwerk einer andersartigen Erfahrung, einer unmittelbaren, die von Schwermut durchsalzt ist und den bitteren Lebenstrank schlürft. Alle Argumentation führt darauf hin, daß der Mensch ein leidvolles Wesen ist, und in dieser Erfahrung steckt eine andere, gefährlichere: daß der Mensch etwas Sinnloses ist. Der Schmerz war für Schopenhauer ein Einwand gegen das Leben und zugleich ein Zeugnis für die Sinnlosigkeit des Lebens. Für Nietzsche aber war er das Leben selbst, und daher etwas, das es nicht abzuschaffen und auch nicht zu mindern galt, sondern ein Maßstab aller Kraft. Bejaht man den Willen, dann ist aller Schmerz, ist alles Leiden kein Einwand gegen das Leben mehr, dann muß das Leiden mitbejaht werden, dann ist es ein Ingrediens aller Willentlichkeit, und zwar ein unentbehrliches, nicht fortzudenkendes und nicht fortzuschaffendes. Der Angriff gegen den Schmerz kann nur mit Mitteln des Lebens bestritten werden, und wie immer er dirigiert wird, der Mensch selbst wird dabei zerstört, denn jede Stelle, an der man ihn empfindungslos macht, wird zum toten Ort. Nur wo gelitten wird, wird gelebt. Nur wo Schmerz empfunden wird, gibt es Glück. Der Rang des Menschen, die Stellung, die ihm auf dieser Erde eingeräumt ist, wird bestimmt dadurch, daß er jenes Wesen ist, welches mehr Schmerz erleidet als alle anderen. Man kann ihm den Schmerz nicht nehmen, ohne seine Größe, seinen Rang, seine Würde zu mindern.

Die Lehre vom Willen zur Macht als Lehre von der Bejahung dieses Willens ist die Zitadelle der neuen Willenslehre, ihr bestverteidigtes Bollwerk. Sie bleibt aber unverständlich und wird zum Torso, wenn man sie nicht immer mit der Lehre von der ewigen Wiederkehr vergleicht, denn diese ist das Schlußstück und die Krönung der Willenslehre. „Der Wille zur Macht" ist ein Hauptwerk Nietzsches; schon der Untertitel „Versuch einer Umwerthung aller Werthe" gibt das zu erkennen. Er ist mehrfach geändert worden und bleibt noch in seiner letzten Fassung mehrdeutig. Denn die Werte sind in Wahrheit Unwerte, die Umwertung aber legt die Frage nahe, ob neue Werte geschaffen oder die alten und ältesten wieder eingesetzt werden. Die Willenslehre wird zum Instrument, um alle Werte umzuwerten. Darin liegt schon, daß die Wertordnung als flüssig begriffen wird, denn der Wille ist dynamisch, die Wertordnung daher dem Dynamismus des Willens unterworfen.

Die Schriften, die dem Hauptwerk vorangehen, sind Vorläufer, sind Ansätze für die zentrale Behandlung. Sie lockern den Boden, sie schaffen Voraussetzungen. Ihnen fehlt die Wucht und die gesammelte Kraft des Hauptwerkes; auch werden sie erst, wenn man dieses betrachtet, durchsichtig. Die Frage ist, was Nietzsche überhaupt will, worauf er zustrebt, und diese Frage läßt sich nicht beantworten, wenn man das Hauptwerk nicht genau kennt. Hierfür ein Beispiel. Prüft man das in der

„Morgenröthe" angewendete Verfahren, dann sieht man alle Mittel der Polemik durcheinander gebraucht, und zwar auf eine Weise, die etwas Verwirrendes hat, solange man nicht erkennt, was an dieser Polemik Beiwerk ist, worauf sie zuletzt abzielt. Sie ist — wir werden darauf zurückkommen — bald historisch-genetisch, bald psychologisch, bald biologisch. Die Evolutionstheorien und Deszendenztheorien werden, sei es in Form der Lamarqueschen Anpassungstheorie oder der Darwinschen Selektionstheorie, die beide ganz mechanistisch sind, ganz unbekümmert verwendet; selbst solche speziellen Theorien wie die Mimikry-Lehre und die Hypothese der Abstammung des Menschen vom Affen werden als erwiesen vorausgesetzt und auf den Bereich der Moral übertragen. Die moralischen Konventionen werden durch eine paradoxe Handhabung des Materials zersetzt. Nietzsche geht immer wieder davon aus, daß es „Rezepte" gibt, also auch eine rezipierte Wirklichkeit. „Es gibt Recepte zum Gefühle der Macht." Und es gibt „fixe Ideen." Die „Morgenröthe" ist in der Tat das, was der Titel sagt: vor allem ist sie die Morgenröthe des Nietzscheschen Denkens, und ihren rosa Wölkchen gesellen sich viele graue Stellen.

Der „Wille zur Macht" ist ein Torso geblieben. Daß er es bleiben mußte, liegt in der Konzeption, wird aber erst für den Leser verständlich, der zu den letzten Widersprüchen des Nietzscheschen Denkens vordringt, zum Widerspruch des Freiers der Wahrheit mit dem Nur-Narren und Nur-Dichter, zum Widerspruch des rang- und wertsetzenden Denkers mit der dionysischen Wirklichkeit. Das Vorwort ist prophetisch, der Prophetismus Nietzsches zeigt sich in seiner ganzen Stärke, als „Wahrsagevogel-Geist" fliegt der Denker in die Zukunft. Der Ansatz des Ganzen liegt in einer bestimmten und bestimmbar gewordenen geschichtlichen Situation. Nietzsche ist Geschichtsphilosoph; sein Anliegen ist, eine geschichtsbestimmende Diagnose und Prognose zu geben. Die geschichtliche Situation, von der er ausgeht, ist der europäische Nihilismus. Der europäische, denn Europa wird als der Herd, als die Brutstätte dieses Nihilismus erkannt, womit nicht gesagt ist, daß seine Auswirkungen nicht die ganze Erde umfassen und in Mitleidenschaft ziehen. Mit diesen Auswirkungen aber befaßt sich Nietzsche nicht, auch nicht mit den Reaktionen, die der Nihilismus in Asien oder Afrika hervorrufen könnte. Er ist europäischer, abendländischer Denker; ihn geht im Grunde nur das an, was in Europa, nicht was in Hinterindien geschieht. Geschichte gibt es für ihn nur in Europa, oder genauer gesprochen: die dominierende geschichtliche Situation ist eine europäische. Wie lange sie das noch sein wird, beschäftigt ihn nicht.

Betrachtet man die Befunde, die Nietzsche über den Nihilismus zusammenstellt, so zeigt sich, daß seine Wertung um so deutlicher und eindeutiger wird, je mehr er die Willenslehre zu ihren letzten Konsequenzen vortreibt. Er reiht zunächst auf, was er vorfindet, woraus sich Widersprüche ergeben, die mit seiner Arbeitsweise, mit dem Zustand seiner Aufzeichnungen, mit dem Torso zusammenhängen. Der Versuch, vermittelst der Widersprüche, die sich in seinem Denken finden, dieses Denken selbst aufzuheben, ist ein billiger, nicht mehr als ein Schleichweg um dieses Denken herum. Die Unfähigkeit, einen Text wörtlich und zugleich im Zusammenhange zu verstehen, kennzeichnet die meisten Leser, die nicht nur Leser, sondern zugleich Schriftverderber sind. Und groß ist die Zahl der liederlichen Schriftsteller, die nach Art satter, naschhafter und übellauniger Vögel die Körner des Widerspruchs zusammentragen. Der Widerspruch ist nicht nur eine Bruchstelle, sondern auch eine Fundstelle, er ist ein Zeichen der Lebendigkeit des Denkens.

Der Generalbefund ist: der Nihilismus hat alles ergriffen, alles durchsetzt, auch Nietzsche selbst, welcher „der erste vollkommene Nihilist Europas" ist, aber den Nihilismus schon hinter sich hat. Indessen hat er Rückfälle, wozu man „die weichen Augenblicke" rechnen muß. Wie stellt sich heute, sechzig Jahre nach der Konzeption des „Willen zur Macht' die Lage dar? Das Lebensgefühl, in dem der „Wille zur Macht" geschrieben wurde, ist das der nahenden Katastrophe. Das, was Nietzsche als Katastrophe vorempfand, was er in seinen Gliedern, in seinen Eingeweiden spürte, ist inzwischen eingetreten. Die Ära der Weltkriege, der Kampf um die Erdherrschaft hat begonnen, wir sind mitten darin. Damit hat sich die geschichtliche Situation verändert, und die Zeit für eine neue Topographie des Denkens ist gekommen. Unter den Symptomen des Nihilismus, die Nietzsche aufzählt, befindet sich eine Reihe, die unter den Begriff der Willenslähmung zusammengefaßt werden können, welchem Begriffe auch die ganze Mitleidsmoral einzuverleiben ist. Daß jede denkbare Willenslähmung nur die Folge des ans-Werk-gehens eines stärkeren Willens ist, daß es eine Willenslähmung und Willensschwächung an sich nicht gibt, sondern nur im Zusammenhange mit einem starken, sich verstärkenden Willen, tritt nicht immer deutlich genug hervor; Nietzsche hätte sonst diese Symptome nicht so in den Vordergrund gerückt, nicht einen so starken Akzent auf sie gelegt. Hierher gehören alle Anzeichen der Ermüdung, Erschöpfung, Verdüsterung und Enttäuschung, die er vermerkt, die Skepsis, der Altruismus, überhaupt alles, was er als zweiten Buddhismus, als Dekadenz begreift. Diese ganze Symptomatik hat ihren Wert für uns nicht verloren, doch liegt sie auch schon hinter uns; sie ist fin de siècle und wird von uns als temporär begriffen. Alle diese Symptome sind da, sind am Menschen zu beobachten, aber sie haben ihre zentrale Wichtigkeit eingebüßt. Sie greifen den Willen zur Macht nicht an, sie können ihn nicht schwächen, denn sie gehören zu ihm, sind sein Ausdruck, seine Leidensseite. Sie gehören ihm an, wie das doppelte

Gesicht zu den Statuen des Janus gehört. Und sie verbürgen unfehlbar, daß dieser Wille an einem anderen Orte höchst tätig, höchst aktiv ist. Die Willensäußerungen stehen in einer unzertrennbaren Korrelation. Auf dieser Erde erleidet der Mensch, was er tut; er tut das, was er erleidet. Und er erleidet nicht mehr, als er tut; er tut nicht mehr, als er erleidet. Lasse ich die Axt ruhen, so kann ich mich nicht mit ihr verletzen; benutze ich sie aber, dann liegt die Gefahr einer Verletzung immer nahe. Daß auch der Schuldlose leidet, gibt keinen Einwand, denn Schuld und Leiden stehen in keinem notwendigen Zusammenhange, wohl aber Tun und Leiden, und wo wäre ein sich schuldlos Fühlender, der nicht Täter ist? Einen Täter an sich, einen Leidenden an sich gibt es nicht, denn das Leiden des Tuns und das Tun des Leidens schließen sich zusammen. Der Wille erleidet keine Einbuße dadurch, daß irgendwo intensiv gelitten wird und Müdigkeit sich ausbreitet. Er erleidet keine Einbuße dadurch, daß der Leidende ihn in Frage stellt oder verneint. Der Wille arbeitet nicht im leeren Raume, sondern in seinem vornehmsten Träger und an seinem vornehmsten Subjekt, dem Menschen. Ist also jemand ermüdet, so steht im Zusammenhang damit, daß ein anderer sich stärkt. Leben an sich, Tod an sich, Wille an sich sind Chimären, Abtrennungen, die zu begrifflichen Zwecken erfunden worden sind. Daß es keinen Willen gibt, bemerkt Nietzsche selbst. Solche Worte sind Abkürzungen, das Ergebnis eines Abkürzungsverfahren, das eine Fülle von Erfahrungen künstlich einschließt. Sie können daher nur einen Anspruch auf relative Genauigkeit erheben; sie ändern ihren Sinn in dem Grade, in dem sie mehr oder weniger umfassen.

Nietzsche bringt die Erscheinungen der Ermüdung insgesamt unter den Begriff des „müden" Nihilismus, der ein passiver ist, jene anderen aber, in denen der Nihilismus das Maximum an relativer Kraft erreicht, unter den des „aktiven" Nihilismus. Wir können die Symptome des müden Nihilismus außer acht lassen, denn die Erfahrung lehrt uns, daß der aktive Nihilismus durchaus der überlegene ist. Sie lehrt uns, daß der Wille zur Macht ungeschwächt an der Arbeit ist, daß er im Einklang mit dem Zunehmen der Ermüdungserscheinungen nackter, unverhüllter, brutaler hervorbricht. Dieser aktive Nihilismus ist jener „normale Zustand", in dem wir uns befinden. Ihm ist die „Häßlichkeit" solcher Zustände eigen. Der Nihilismus ist selbst Wille zur Macht; es gibt einen nihilistischen Willen zur Macht. Wie ist ein solcher zu denken? Nicht als Zustand der Reife, nicht als etwas Vollkommenes sondern als Bewegung, als ein Zug von Kraft, der en route ist, der zerstört und sich selber dabei zerstört. Der abendländische Nihilismus ist als Ganzes keine Ermüdungserscheinung, sondern — wie die in ihren Konsequenzen durchaus nihilistische Wissenschaft und Technik lehren — die tätigste und energischste Form des Willens zur Macht, die zerstörendste, die jemals am Werke war, die am Werke ist, denn wir haben den Nihilismus nicht hinter uns, wir stecken in ihm drin. Aber wir sind zugleich an der Arbeit, ihn zu überwinden. Wir finden Hilfsmittel gegen ihn. Wir heilen uns mitten in der Zerstörung. Und wir werden noch durch die Katastrophen vorwärtsgeschleudert.

Moralismus und Immoralismus stehen in dem Verhältnis von Verneinung und Bejahung des Willens. Dieses Verhältnis darf nie aus dem Auge gelassen werden, denn es ist der Schlüssel zur Willenslehre, der Schlüssel zu allen Werturteilen über die Willentlichkeit des Lebens. Wo es nicht beachtet wird, dort schleichen sich sogleich Mißverständnisse ein, dort beginnt das vage Gerede der Unbefugten. Der Immoralismus tritt in dem gleichen Maße hervor, in dem die Bejahung des Willens sich durchsetzt. Erst dort, wo der Wille sich in umfassender Weise bejaht, kann der Immoralismus sich frei und unverhüllt zeigen.

Der immoralistische Angriff Nietzsches auf die Moral wird geführt:
1. genealogisch, daß heißt geschichtlich. Der Pluralismus des Moralischen wird aufgedeckt, der Bereich eingeengt.
2. Durch das psychologische Verfahren, das vor allem verdächtigt.
3. Durch Rekurse auf die Physiologie.

Das sind die zentralen Methoden des Angriffs. Was wird durch ihn erreicht? Der Bereich der herrschenden Moral wird zunächst transparent, wird durch die Kunst der Analyse durchsichtig gemacht. Die festen Werte und Wertschätzungen werden flüssig, der feste Boden der moralischen Begrifflichkeit wird nachgiebig, weich und trügerisch. An die Stelle einer Moral, die im Kampf mit den „Grundinstinkten des Lebens" liegt, treten nun Grundinstinkte des Lebens, die sich kämpfend gegen eine ihnen feindliche Moral wenden. Nietzsches Absicht ist, „die absolute Homogeneität in allem Geschehen" zu zeigen, alles als „perspektivisch bedingt" nachzuweisen. Was heißt das? Nichts anderes, als daß alle Moral im Bereich der Willensmäßigkeit liegt, daß die Perspektiven durch den Willen gesetzt werden, daß es nur Willensperspektiven gibt, kein Ich, keine Person, kein All. Alles Schätzen ist perspektivisch. Die Homogeneität des Geschehens ist Homogeneität des Willens. Alles Geschehen ist Wille.

Der Angriff auf die willensverneinende Moral wird durch die beiden Schriften „Jenseits von Gut und Böse" und „Zur Genealogie der Moral" eingeleitet. Der Titel der ersten Schrift zeigt, daß in ihr eine außermoralische Betrachtungsweise geübt wird. Am Titel der zweiten erkennt man, daß die Schrift historisch ist, denn alle Genealogie macht ein Kapitel der Historie aus. Nietzsche ist Geschichtsphilosoph. Er hält an der Geschichtlichkeit des menschlichen Lebens fest, bis er, in Konsequenz seines Denkens, auch sie hinter sich läßt, denn die Lehre von der ewigen Wiederkehr geht über die Geschichte hinaus. Wir können die Geschichte als die Mitte des Denkens fassen und die Rückführung jedes Gedankens auf die ihm eigentümliche Geschichtlichkeit als Aufgabe des geschichtlich bestimmten Bewußtseins. Diese Aufgabe hat, so notwendig sie scheint, nichts Verlockendes, denn sie bringt nichts Neues hervor, sie subordiniert nur das Geschehene, sie stellt es an den Ort des Betrachters, der von geringerer Wahrscheinlichkeit ist als der Ort des einmaligen Geschehens. Die historischen Methoden gehören dem Geschehen nicht an, sie werden nachgeliefert, sie sind zusätzliche Konstruktionen, in denen die Gegenwart sich auf ihre Weise mit dem Vergangenen zu vereinen sucht. Die Lehre von der ewigen Wiederkehr durchbricht alle Geschichte, weil in ihr keine geschichtliche, sondern eine mythische Situation umschrieben wird. Deshalb nimmt auch die Teilnahme Nietzsches für die Geschichte in dem Maße ab, in dem er sich der Wiederkunftslehre und damit der dionysischen Wirklichkeit nähert. Hier endet alle Geschichte; sie endet, um wieder zu beginnen, wenn der Gott sich entfernt hat. Es gehört zu den Kennzeichen der willensverneinenden wie der willensbejahenden Moral, daß sie, wenn sie nur weit genug getrieben werden, den Bereich der Geschichtlichkeit durchbrechen. Der Philosoph, der sich am wenigsten auf Geschichte verstand, der ihr gegenüber farbenblind war, der sie für etwas Absurdes ansah, war Schopenhauer. Er weicht aller Geschichtlichkeit aus. Daher sein Haß gegen Hegel, dieser blinde Haß, der polternd, schimpfend, bellend wie ein starker Bullenbeißer den starken Gegner verfolgt. Nietzsche bemüht sich schon im „Nutzen und Nachtheil der Historie" um die Frage, was Geschichte ist. Was unterscheidet ihn von Hegel? Dieses, daß er ein Mensch der Krise ist, ihr Deuter, zugleich aber ihr Objekt, ihre Beute. Er wird in den Mittelpunkt der Krise gerückt, und wie manche Gestalten der Mythe wird er von ihr verschlungen, die Erde nimmt ihn zurück. „Jenseits von Gut und Böse" und „Zur Genealogie der Moral' gehören zusammen. Die zweite Schrift ist ein Nachtrag zur ersten, nicht von der gleichen Feinheit, Rundung, Vollkommenheit wie die erste, nicht so tanzend und übermütig, was offenbar daran liegt, daß Nietzsche hier mehr beweisen will. Der Beweis aber und das Graziöse, Anmutige, Schlanke vertragen sich nicht gut, und wo die Argumente sich häufen, beginnen Gewichte den Fuß zu beschweren. Die Musen argumentieren nicht. Beweise sind zunächst immer dazu da, nicht anderen, sondern sich selbst etwas zu beweisen. Nietzsche bedient sich der Etymologie, einer Hilfswissenschaft der Sprach- und Geschichtswissenschaft, um die „Entwicklungsgeschichte der moralischen Begriffe" durchsichtig zu machen. Er stellt sogar eine Preisfrage an die Sprachwissenschaft in dieser Richtung.

Sein Hauptunternehmen ist hier, die Schuld von der Strafe abzutrennen, den Nachweis zu erbringen, daß beide nichts miteinander zu tun haben, daß die Strafe weder der Schuld folgt, noch aus der Strafe das Gefühl der Schuld, das schlechte Gewissen hervorgeht. Diesem Unternehmen dient die erste Abhandlung über „Gut und Böse", „Gut und Schlecht", in der er zwei Arten der Wertung, zwei Wertordnungen gegeneinander abhebt. Und in diesem Unternehmen verbirgt sich ein anderes, die Frage nach der Herkunft, dem Sinn, dem Rang des Leidens, das ohne Zusammenhang mit der Schuld da ist. Das ist der stärkste Ansatz der Schrift, aber die Mittel, die den Erweis bringen sollen, sind nicht immer die stärksten. Es liegt nahe, daß die Belege bei den griechischen Tragikern zu finden sind. Aber Nietzsche bedient sich des Entwicklungsbegriffes, um den Beweis zu erbringen, obwohl er in dessen Fragwürdigkeit schon hineinsah, mit seiner Brüchigkeit schon vertraut war. Dieser Entwicklungsbegriff ist mechanisch. Er kommt damit nicht ganz zum Ziele, denn er bemerkt selbst, daß seine Hypothese über den Ursprung des schlechten Gewissens sich nicht vollkommen entwickeln läßt, daß das schlechte Gewissen aus einem Bruche, einem Zwange, einem Sprunge hervorgehe, als unabweisbares Verhängnis. Die Werkzeuge, mit denen er seinen Beweis führt, hat er nicht genau überprüft, sonst wäre es ihm nicht unterlaufen, daß er Begriffe wie Schuld, Gewissen, Pflicht in der Sphäre des Obligationenrechts ansetzt, in der sie entstanden sein sollen. Hier schwebte ihm wohl das römische Obligationenrecht vor, das eigentliche Meisterwerk des römischen Verstandes. Aber das Obligationenrecht ist, auch in seinen ältesten Formen, etwas, das diese Begriffe schon voraussetzt, schon einschließt, das ohne Schuld oder auch Schulden nicht zu denken ist. Das Obligationsrecht ist dazu da, Bestehendes auszulegen, Vorhandenes einzuschärfen. Der Schuldbegriff ist aus der Rechtssphäre allein nicht zu entwickeln. Solche Umstellungen finden sich bei Nietzsche eben dort, wo er sich auf den Entwicklungsbegriff einläßt, wo er in den Lamarckismus und Darwinismus seiner Zeit gerät. Diesen Entwicklungsbegriff, der mechanisch und teleologisch ist, auf die Geschichte anwenden, heißt, sie einem ahistorischen Verfahren unterwerfen.

Wohin führt der Entwicklungsbegriff, der Fortschrittsbegriff, zu dem auch das Problem der Züchtung gehört? Was ihn in Mißkredit bringen sollte, ist schon seine kautschukhafte Geschmeidigkeit. Er läßt sich wie Gummi ziehen und ausdehnen. Und mit ihm kann ich alles wie Gummi ziehen und ausdehnen. Er räumt mit aller Konstanz der Art und der Arten auf. Das Verdienst von Linné aber liegt darin, diese gesehen, festgehalten, beschrieben zu haben, als Physiognom, Bestimmer, Nomenklator. Sein Verdienst ist die methodische Charakteristik, durch die er Klassen und Ordnungen, Gattungen und Arten erfaßt. Was läßt sich denn nicht entwickeln? Was ist nicht schon — und woraus nicht schon — entwickelt worden?

Die Theorien der Entwicklung beginnen dort, wo es mit dem Typus zuende geht. Das Bürgertum, das kein Typus mehr ist und wenig Art hat, fühlt sich in einer immerwährenden Entwicklung begriffen. Wo es Typen gibt, da weiß man wenig von Entwicklung und kümmert sich nicht viel darum, denn man weiß um die Typen. Man weiß, wer der andere ist und wer man selbst ist. Die Sicherheit des Befehlens und Gehorchens ist größer. Man kann sich und anderen weniger vormachen, weniger Wind machen. In Indien erkennt man den Outcast; bei uns erkennt man ihn nicht, man muß erst in ihn hineinzusehen lernen, um ihn zu erkennen, denn er ist Schauspieler und agiert in allerhand Verkleidungen. Wer den Typus gesehen hat, den interessieren die Entwicklungen nicht mehr, denn er hat wirklich etwas gesehen und braucht nicht mehr die Glieder des großen Bandwurms abzuzählen und sich vorzuzählen.

Daß Schopenhauer ein ahistorischer Denker ist, wird Nietzsche immer deutlicher; er wirft ihm jetzt vor, daß er der historischen Schule von „Herder bis Hegel" entschlüpft sei. In dem Kampfe zwischen Schopenhauer und Hegel tritt Nietzsche auf die Seite Hegels und der Geschichtsphilosophie. Er nutzt das historische Verfahren, um die Relationen des Moralismus aufzudecken. Erst die historische Situation, die geschichtliche Bestimmtheit des Menschen schafft eine bestimmte Moral. Was diese ist, was Tugend, Pflicht, Verantwortung ist, wird aus dieser Situation, aus dieser Bestimmtheit erst ableitbar, ohne sie gar nicht verständlich. Um zu wissen, wer ein Mensch ist, wie er handelt, welcher Maßstab an ihn zu legen ist, muß ich erst seine geschichtliche Bestimmung kennen. Hier hätte der Schluß gezogen werden können, daß es dort, wo keine Geschichte ist, auch keine Moral und Immoral gibt, daß sich weder im Tier- noch im Pflanzenreich Moral und Immoral findet, noch bei dem Menschen, der vor der Geschichte, der geschichtslos lebt. Nietzsche wählt nicht diesen Weg, sondern einen anderen. Er führt die historische Kritik des Moralbegriffes nicht bis zum Ende, sondern beginnt gleichzeitig mit dem Unternehmen, den gesamten moralischen Bereich psychologisch und physiologisch zu interpretieren. In der „Götzendämmerung" führt er als einen der vier großen Irrtümer die Verwechslung von Ursache und Folge an, eine Verwechslung, vor der auch Schopenhauer warnte. Diese Warnung ist am Platze; man muß wissen, was Ursache, was Folge ist. Nietzsche selbst aber erliegt solchen Verwechslungen. Das psychologische Verfahren insbesondere lädt zu ihnen ein. Er rubriziert alle Religion und Moral unter die Irrtümer, die durch solche Verwechslungen entstehen, wobei einleuchtet, daß das immoralistische Verfahren sich ihrer nicht weniger bedient. Was Ursache, was Folge ist, ist nicht immer leicht zu bestimmen. Oft ist das Unternehmen von der größten Schwierigkeit. Verwirrung entsteht vor allem dort, wo koexistierende Ereignisse in Subordination voneinander gebracht werden. Wäre Nietzsche nur Psychologe, dann wäre er nicht eben viel. Denn man muß begreifen, daß die Psychologie auf bloßen Verzehr hinausläuft, daß in ihr ein Denken am Werke ist, welches den Menschen nur konsumiert. Ihre Aufgabe ist es, mit dem Menschen, der ihr Stoff, ihr Futter ist, aufzuräumen, die Aufschlüsse zu verarbeiten, zu beobachten. Je ursprünglicher, sinnlich kräftiger, geistig lebendiger der Mensch sich aus den Quellen nährt, desto weniger treibt er Psychologie. Wo er baut, ackert, liebt, zeugt, gebiert, dort bleibt die Psychologie außer Betracht. Als Psychologe war Nietzsche eitel, wie wir alle eitel werden, wenn wir uns mit ihr beschäftigen. Die Psychologie kommt aus der Eitelkeit hervor, und auch aus der Grausamkeit und Langeweile. Wie sehr hat Nietzsche einen Autor wie Stendhal überschätzt, diesen ganz leeren, von taedium vitae und grausamer Langeweile erfüllten Menschen. Das Raffinement eines Egotisten

läuft immer auf Langeweile hinaus, denn das Genießen ist nicht die Folge artistischer Bemühungen, sondern der Ausdruck frischer Lebenskräfte. In Stendhal war nichts von Catull, Virgil, Horaz, von den griechischen Lyrikern ganz zu schweigen, viel aber von Rousseau und Byron, den er beneidete und nicht erreichte. Stendhal ist ein Mensch, der auf zu schmale Renten gesetzt ist und dabei giftig wird, ein amusischer Mensch, der in die Literatur eintritt, um Abrisse der Soziologie und Psychologie zu geben. Weniger plebejisch als Balzac, aber verbrauchter, ein Meister der Lüge. Alle diese Psychologen, welche die partie honteuse des Bürgertums aufdecken, beschmutzen sich dabei, weil sie zugleich von diesem Bürgertum leben, ihr Auskommen bei ihm haben. Daher ihr Neid auf Byron, der das nicht nötig hatte, der ein Herr war, allerdings in einer sinkenden Aristokratie. Byron hatte noch etwas von einem Löwen, der aus der Gemeinschaft der Füchse weggeht, selbst dort wo er sich des intensiveren Genusses wegen in abgestorbene Städte zurückzieht. Stendhal hielt es in Civitavecchia nicht aus, er hielt sich selbst nicht aus und verwelkte, wenn er keinen Salon fand, keinen Ansatzpunkt für soziale Invektiven.
Wozu bedarf es — so muß gefragt werden — der Psychologie? Wenn der Mensch „gut" wäre, gut in dem zweifachen Sinne, den Nietzsche mit dem Gutsein verbindet, dann wäre sie offenbar unnütz und überflüssig. Wenn er „gut" wäre, dann brauchte man ihm nicht auf die Schliche zu kommen, brauchte ihn nicht mit der Absicht zu beobachten, ihm von hinten her beizukommen, ihn anzubohren. Wozu dann Psychologie? Diese betrifft doch das Miserable im Menschen und gibt allerhand Verfahren an, um seine Schliche, Finten und Ausreden aufzudecken. Die psychologischen Verfahren sind zum Mäusefang da, deshalb kennen sie auch alle die Technik der Katze, die auf den Mäusefang geht. Eine solche Katze ist vor allem still, verhält sich leise, rührt sich nicht, liegt lange vor dem Loche und hat viel

Zeit, viel Geduld, bis das Mäuslein hervorkommt. Hat sie es gefangen, dann frißt sie es nicht sogleich, sondern spielt mit ihm, läßt es vielleicht, wenn sie satt ist, auch einmal laufen. Aber sie ist selten satt, und auch wenn sie satt ist, macht es ihr oft Spaß, die Maus totzubeißen. Ganz wie die Katze, wenn auch nicht so graziös, treibt es die Psychologie auf dem Menschenfang. So treibt es auch Nietzsche. Es ist evident: das Philosophieren mit dem Hammer und das Psychologisieren stehen in einem unaufhebbaren Widerspruch. Man kann nur eines von beiden tun. Der Hammer war niemals ein Werkzeug des Psychologen, denn für solche Arbeitsverfahren ist der Bohrer hinreichend. Die Macht des nietzscheschen Denkens liegt nicht im psychologischen Verfahren, so geschmeidig er damit florettiert; sie liegt dort, wo er über die Psychologie hinausgeht, sie hinter sich läßt. Noch einmal, die Psychologie gehört zum Konsum, mit ihr konsumiert man nur. Wer wirklich etwas sieht, der hat die Psychologie hinter sich, der bringt etwas hervor, der bereichert. Den Menschen bereichern, heißt ihn zum Sehen anlernen, ihn lehren, auf der terra incognita, die immer da ist, Funde zu machen. Funde, nicht technische Erfindungen, die nur Verfahrensweisen zum rationalen Konsum sind.

Auch die Psychologie Nietzsches geht darauf, Gründe für ein Verhalten zu schaffen, das heißt hinter das Verhalten zu kommen. Als ob nicht jedes Verhalten sich seine Gründe schaffte. Er argumentiert etwa so: der kontemplative Mensch begegnet dem Mißtrauen der anderen gegen ihn dadurch, daß er Furcht vor sich erweckt. Darauf verstehen sich die alten Brahmanen. Die Furcht erscheint hier als psychologisch verwendetes Mittel, um das Mißtrauen unschädlich zu machen. Man muß das Komplizierte eines solchen Verhaltens ganz durchdenken, um sich dann die Frage vorzulegen, ob es nicht einfacher ist anzunehmen, daß die alten Brahmanen furchteinflößende Menschen waren, von vornherein überlegene nämlich, ob nicht diese ganze Methodik von Mißtrauen und Furcht hinzukonstruiert ist. hineingesehen in das Verhältnis, nachträglich ihm aufgezwungen. Mißtrauen entsteht erst dort, wo ein Grund zur Furcht vorhanden ist, nicht ohne diesen. Wie erwecke ich überdies Furcht, wenn ich nicht wirklich fürchterlich bin? Die Art, in der Nietzsche solche Zustände auslegt, ist nicht immer vertrauenerweckend. Die Anfangszustände stellt er sich dumpf, roh und plump vor, doch komponiert er zugleich viel in sie hinein, an eigener Empfindlichkeit und Empfänglichkeit, an nervösen Zuständen, auch an Grausamkeit und Leidensfähigkeit. Die Anfänge sind für ihn die „furchtbaren Zeitalter", die „Zeiten furchtbarer Mittel". Sind sie das wirklich? Grausamkeit ist etwas, das durch Raffinement ungemein gesteigert wird. Sollte die Leidensfähigkeit nicht gewachsen sein? Etwa die Leidensfähigkeit gegenüber Nadelstichen? Die Zustände des Unbehagens, der Langeweile, des Ekels, der Lustlosigkeit, der Ermüdung umschreiben große Gebiete der Leidensfähigkeit. Der Ekel, sagt Byron irgendwo, wächst mit zunehmender Zivilisation, der Ekel des Menschen am Menschen nämlich. Offenbar hat er recht, da ja auch die Bedürfnisse zunehmen und der Mensch sich mehr auf den Menschen angewiesen findet, wobei das in die Quere Kommen, das Gedränge, die Verletzungen zunehmen. Dieser Ekel ist ein beunruhigendes und unheilverkündendes Phänomen, das Symptom einer bösen Krankheit und Lieblosigkeit, denn die Liebesfähigkeit des Menschen ist hier angegriffen und zerstört. Wie kann ich vor dem Menschen Ekel empfinden? Nur so, daß ich den Menschen gar nicht mehr sehe, daß ich ihn übersehe und nur noch die widrigen, unangenehmen, belästigenden Züge und Daten an ihm wahrnehme. Was aber die Anfänge anlangt — sind sich nicht alle alten Quellen und Autoren darüber einig, daß die Anfänge heiterer waren, und sind Paradies und Goldenes

Zeitalter nicht ein Ausdruck dafür? Müssen wir nicht davon ausgehen, daß in diesen Anfängen mehr Raum, mehr Zeit für den Menschen da war, daß er schon deshalb sich wohler fühlte, wohler jedenfalls als die auf engstem Raume zusammengepreßten Überbevölkerungen von Städten und Ländern, als die gesichtslos gewordenen Massen unseres Zeitalters? Solche Argumentationen sind bei Nietzsche häufig und hängen mit seiner Verwendung des Entwicklungsbegriffes, mit der psychologischen und physiologischen Methode und ihrem Kausalismus zusammen. Er sucht hinter die Phänomene zu kommen. Kommt man aber noch hinter das Dahinter? Sind nicht Sein und Sinn dasselbe? Das heißt aber, daß die Bedeutungen nicht beliebig verrückt, nicht wie Abziehbilder abgelöst werden können. Nietzsche vermutet Verkleidungen auch da, wo vermutlich keine vorliegen. Der philosophische Geist soll sich in seinen Anfängen verkleidet, verpuppt, vermummt haben, als Priester, Zauberer, Wahrsager. Bildet man dieses Verfahren fort, so stellt sich heraus, daß die Puppe immer wieder in einer Puppe steckt, jede in die andere eingeschachtelt. Man könnte an ein Kostümfest denken, bei dem alle die Düpierten sind. Hier werden nicht mehr Typen gesehen, sondern nur noch die Schauspieler dieser Typen. Die Methodik des Angriffes ist die gleiche wie bei Karl Marx. Das psychologische Verfahren dient der Demaskierung. Es wird jemand oder etwas durch dieses Verfahren demaskiert. Aber das ist nur der erste Ansatz. Der Demaskierende wird jetzt selbst wieder demaskiert. Und so in infinitum. Jeder demaskiert den anderen, das heißt, jeder wirft dem anderen vor, daß er Schauspieler ist. Circulus vitiosus. Wer verliert nicht die Lust, sich an diesem Verfahren zu beteiligen, das als Spiel nur dann fortläuft, wenn die Einsätze im Kreise verschoben werden. Worin aber liegt die Berechtigung eines solchen Verfahrens? Sie liegt darin, daß in der Situation, in der Nietzsche dachte, der Schauspieler in der Tat überall hervortrat, sich vordrängte und sich der Führung der Geschäfte bemächtigte. In Zuständen der Vermischung, in den Vermittlungslehren, zu denen der Entwicklungsbegriff gehört, gibt es nur noch Übergänge, keine Konstanz der Typen. Die Entwicklungslehre begreift eine Lehre von der unaufhörlichen Maskerade aller Erscheinungen in sich, die in immer neuen Formen sich anzupassen versuchen, in immer neuen Kostümen auftreten. Die feste Art gibt es hier nicht mehr, dafür eine Unzahl von Nuancen, Spielformen, Variationen und Differenzierungen. Daß der Brahmane, der Krieger, der Sudra feste Art sind, eherne, unausrottbare Typen, hinter die gar nicht zu kommen ist, weil es kein Dahinter gibt, kein psychologisches nämlich, das sieht man in solchen Zeiten nicht mehr. Nietzsche sieht überall Schauspieler. Und sie sind da, denn dort, wo der Entwicklungsbegriff obenauf kommt, wo es also nur noch Vermittlungen gibt, kommt auch der Schauspieler obenauf und zeigt sich plötzlich überall. Das psychologische Verfahren ist in einer Schauspielerwelt am Platze. Das Entlarven, Enthüllen, Demaskieren, Schleierabreißen, der Kampf gegen die Verkleidungen und Verpuppungen, gegen die ideologischen Rampen und Überbauten, die Zerstörung der Kulisse, der Angriff auf den Schauspieler, der herrschen will, ohne es zu können, wird zunächst mit psychologischen Mitteln bestritten. Der ganze akkusatorische Stil ist psychologisch, entstammt dem Arsenal, der Rüstkammer der Psychologie und übt sich in Analysen. Der Dynamismus aber, die Willensmäßigkeit dieses Denkens geht nicht allein aus der psychologischen Methode hervor. Diese ist destruktiv, zur Aushöhlung, Erschütterung, Niederlegung des Bestandes und seiner Konservatoren bestimmt. Die genealogische, das heißt entwicklungsgeschichtliche Arbeitsweise setzt den ganzen Psychologismus erst auf Räder, bringt ihn zum Rollen, indem sie mit Hilfe gewaltsamer Verkürzungen alles in Bewegung bringt.

Besonders drastisch wird das Verfahren Nietzsches dort, wo er auf das Physiologische rekurriert. Er bricht mit Hilfe des Biologismus in die Erkenntnis ein, er führt die Erkenntnisweisen auf biologische Verhaltensweisen und Zustände zurück, er leitet das Denken aus der Diät, der Ernährung, der Verdauung, aus dyspeptischen Zuständen ab und stellt hygienische und diätetische Forderungen. Er wird Arzt und bedient sich einer medizinischen Terminologie. Das wirkt zunächst überraschend, dann aber wird deutlich, wohin dieser Biologismus führt, was bei ihm herauskommt, was es mit ihm auf sich hat, wenn er folgerichtig weitergeführt wird. Was ist damit gesagt, daß „alle Tugenden physiologische Zustände" sind? Sehr wenig. Auch die Untugenden sind es ja. Die Gewaltsamkeit solcher Subordinationen wird dort sichtbar, wo sie alles unter sich zu zwingen suchen. Sie geben sich als Reste, als Rückstände von Systemen zu erkennen, welche die Lebendigkeit des Denkens verhärten. Nietzsche statuiert einen Kausalismus dort, wo es keinen gibt, ein Nacheinander dort, wo nur ein Zusammen, ein Zugleich wahrzunehmen ist. Dieses Unternehmen der Willensphilosophie, das in der Zeit Koexsitierende in Abhängigkeit voneinander zu setzen, entspricht der Arbeitsweise der exakten Wissenschaft, die ebenso willentlich verfährt. Physiologie ist Lehre vom Leben. Ihre Aufgabe ist, die Erscheinungen an Organismen auf eine Gesetzmäßigkeit zurückzuführen. Insofern diese Gesetzmäßigkeit eine mechanische ist, wird die Physiologie zu den exakten Naturwissenschaften gezählt. Nietzsche, der den Glauben an eine Moral an sich als absurd verwirft, glaubt offenbar, daß es eine Physiologie an sich gibt, oder argumentiert doch mit einer solchen. Durch seine Interpretationen sucht er die Moral ganz auf die physiologische Ebene zurückzuverlegen, um sie auf die radikalste Weise zu entwerten. Er führt sie auf einen Mechanismus und dessen Störungen und Abnutzung zurück. Dieses Verfahren muß ihn in Widersprüche verwickeln. Der physiologische Gesamtzustand des Menschen ist kein autonomer Bereich, von dem ich ausgehen könnte, um den Bereich der Geschichte deutlich zu machen. Der Reichtum des physiologischen Haushalts und seine Ökonomie resultieren selbst wieder aus der Geschichte. An dem physiologischen Zustand des Einzelnen, einer Gesellschaft, eines Volkes hat die Geschichte immer schon mitgearbeitet. Deshalb komme ich, wenn ich mich auf physiologische Rekurse im einzelnen einlasse, nur zu Plattheiten. Deutlich wird das, wenn ich von der physiologischen Gesetzlichkeit auf die chemische, elektrische oder physikalische Gesetzlichkeit zurückgehe. Warum sollte ich nicht bis zu den Hebelgesetzen zurückgehen, die jeder Moral immanent sind? Ohne Hebelgesetze gibt es so wenig eine Moral wie ohne Phosphor oder ohne Eiweißmoleküle. Es steht also nichts im Wege, wenn ich ein moralisches Verhalten auf die Hebelgesetze zurückführe; für den Zweck einer Verdeutlichung kann das vorteilhaft sein. Wenn ich aber alle Moral auf sie reduziere, bleibt mir sehr wenig. Auch dieser Rekurs wird von Nietzsche verfochten. In einer Aufzeichnung seines Nachlasses bezeichnet er als Vorläufer seines Denkens nicht nur den Spinozismus, sondern auch die mechanistische Bewegung, die alle moralischen und ästhetischen Fragen auf physiologische, alle physiologischen auf chemische, alle chemischen auf mechanische zurückführt. Ein solches Verfahren ist in der Tat exakt, so exakt, daß es an aller Geschichtlichkeit des Menschen stillschweigend vorübergeht. Setzen wir aber den folgenden Fall: die Gemeinheit, die Pöbelhaftigkeit eines Menschen ist die Folge davon, daß er verbraucht ist, nicht etwa physiologisch, denn er kann physiologisch durchaus gedeihen, er kann bei der besten, das heißt gemeinsten Gesundheit sein. Er kann durchaus vital, aktiv, aggressiv sein; sein Gesamtorganismus arbeitet intakt. Er ist dabei aber in einem Zustand zentraler

Abnutzung, er bringt nichts mehr hervor, er konsumiert nur noch, und zwar auf brutale Weise; seine letzten Reserven, sein Taktsinn selbst sind angegriffen. Jetzt bricht die Gemeinheit aus ihm hervor, geistig und sinnlich. Das physiologische Gedeihen oder Nichtgedeihen sagt über den Zustand eines solchen Menschen noch gar nichts aus; der Befund, der von hier aus über ihn eingeholt wird, gibt nichts zu erkennen. Wir müssen uns anderer, umfassenderer Erkenntnismittel bedienen, müssen die Geschichte, die Physiognomik zu Hilfe rufen, um ihn einzusehen.
Nietzsche bemerkt in einer Aufzeichnung des Nachlasses, daß „von alters her der Mensch in tiefer Unbekanntschaft mit seinem Leibe lebt und an einigen Formeln genug hat, sich über sein Befinden mitzuteilen." Ja, denn ich werde nicht gesünder, nicht fröhlicher, nicht stärker durch physiologische Kenntnisse. Ich bin vielmehr krank, wenn ein Organ sich mir mitteilt, mich aufmerksam auf sich macht. Ich bin nur solange gesund, als kein Teil des Ganzen mir ins Bewußtsein kommt, denn wenn meine Leber, meine Niere, meine Blase sich mir mitteilen, wenn eines der Organe, die nicht ohne Sinn in intestinaler Verborgenheit liegen und sich der Wahrnehmung entziehen, mich erinnert, dann stimmt etwas nicht mehr. Gesundheit ist jener Zustand, in dem ich nur das Gedeihen des Ganzen als Überschuß wahrnehme, nicht aber Teilfunktionen, die sich selbständig machen. Der Leib ist in der Tat ein Wunder, aber er wird nicht wunderbarer dadurch, daß ich auf die physiologischen Funktionen meine Aufmerksamkeit richte. Das heißt, ich kann den Leib nicht gegen das Bewußtsein ausspielen, die unbewußte Tätigkeit nicht gegen die bewußte, denn Leiblichkeit und Geistigkeit sind eines. Wo sie es nicht sind, kommt es zu Störungen. So notwendig die Verdauung und das intestinale Leben sind, so wenig eignen sie sich als Thema meiner Aufmerksamkeit. Die Beschäftigung mit phy-

siologischen Daten ist, wenn man nicht gerade Arzt und Physiologe ist, schon ein Zeichen des Unwohlseins, der Störung und Kränklichkeit.
Nietzsche bemerkt, daß sein Angriff auf die Moral dieser nicht schadet, ja daß sie gerechtfertigt und durch ihn und seine Polemik wieder gefestigt wird. Sein Unternehmen zielt also nicht darauf ab, jede vorhandene oder mögliche Moral einzuzäunen; er will eine neue Moral an die Stelle der alten setzen. Er kontrolliert das moralische Verhalten durch die immoralistische Betrachtung. Der willensbejahende Immoralismus setzt sich von der willensverneinenden Moral ab. Der Immoralismus gehört unabdingbar zu jeder Moral; ihn von dieser zu trennen, wäre ein planloses Unternehmen, das Verwirrung stiften würde. Denn was Sitte, was Sittlichkeit ist, wüßten wir nicht, wenn wir nicht zugleich Begriffe von Unsitte und Unsittlichkeit hätten. Hier handelt es sich um „complementäre Werthbegriffe". Keine Handlung ist an sich sittlich oder unsittlich, denn Handlungen an sich gibt es nicht. Es gibt keine Moral an sich, daran scheitert der kantische Versuch, die Moral a priori in einen leeren Raum hineinzukonstruieren, in eine leere Zeit einzubauen. Dieser Versuch hat nur eine scheinbare Überzeugungskraft, denn der Raum, in dem wir uns bewegen, die Zeit, in der wir leben, sind geschichtlich bestimmt und von geschichtlichen Kräften erfüllt. Von ihnen läßt sich nicht absehen; der Mensch, der in der Geschichte lebt, kann, solange er in ihr lebt, die Dimension seiner Geschichtlichkeit nicht überspringen. Der kantische Apriorismus ist freilich kein chronologischer, durch ihn wird kein zeitliches Nacheinander begründet; er ist aber systematisch und methodisch in einem Sinne, der der Geschichtlichkeit entbehrt. An diesem Mangel scheitert auch der Versuch Schopenhauers, die Ethik im Mitleid zu verankern. Was Mitleid ist, muß erst untersucht werden; jedenfalls ist es nichts Ursprüngliches, sondern eine Re-

aktion. Die Bemühungen Nietzsches auf diesem Gebiete wären noch deutlicher geworden, wenn er aus der Kontroverse zunächst das ausgeschieden hätte, was ihr nicht angehört, was vor und nach ihr liegt. Dazu gehört nicht nur der Bereich der geschichtslosen Natur, einschließlich des Menschen, der geschichtslos lebt, dazu gehört auch der in keiner Moral oder Immoral verankerbare freie Liebesakt des Menschen. Dieser nämlich, der weder erzwingbar ist, noch gefordert werden kann, ist es, der sich von selbst versteht und keiner weiteren Ableitung fähig ist, nicht aber — wie das Schlagwort lautet — die Moral. Nietzsche hat durch seine Polemik unser Auge für dieses Gebiet ungemein geschärft und verfeinert. Wir sehen dank ihm genauer und unbefangener; wir haben durch ihn eine zuverlässigere Kenntnis der Schleichwege, Schleichpfade und Schlupfwinkel. Wir sehen, daß es einen moralischen Menschen nicht gibt, daß dieser nur das Produkt von Denkretorten ist. Jede vorhandene Moral ist schon das Ergebnis einer geschichtlichen Situation, aus der sie abzuleiten ist, das heißt, sie ist selbst etwas Abgeleitetes, ein Derivat der Lebendigkeit des Menschen. Im schlimmen Falle: ein Derivat seiner Unlebendigkeit. Zu jeder Moral gehört eine Topographie, eine Typologie. Jede Moral gehört zu einem Typus, und der Typus, zu dem sie gehört, muß untersucht werden. Das Generalisieren hört hier auf, da sich herausstellt, daß Sittlichkeit zu einer Art Mensch gehört, daß sie also Art ist. Wo aber Art ist, dort erreicht die Untersuchung ihre letzte Tiefe, dort stößt sie auf Fels und gewachsenen Boden. Dort endet auch die Polemik. Denn dort, wo der akkusatorische Stil des Denkens aufhört, beginnt die Physiognomik. Das Gewissen „spricht bloß nach: es schafft keine Werthe". So ist es. Es ist ein Hinkefuß, ein Nachsprecher und Nachflüsterer. Was es aber dem Menschen lautlos nachspricht und nachflüstert, das ist nicht die goldene Regel einer abstrakten Moral, sondern seine Geschichte. Seine

Geschichte raunt es dem Menschen ins Ohr. Es ist Themis, ist Dike, ist Ate, ist Nemesis.

Der Moralbegriff hängt am Wahrheitsbegriff; der Wahrheitsbegriff entscheidet. Deshalb beginnt Nietzsche jetzt mit der Zertrümmerung des Wahrheitsbegriffes. Welchen Wahrheitsbegriff zerstört er? Jenen aus dem späten griechischen Denken und der Scholastik uns überkommenen und anangefochten herrschenden, der besagt, daß alle formale, alle logische Wahrheit in der Übereinstimmung unserer Gedanken mit sich selbst und den allgemeinen Denkgesetzen besteht, alle materiale Wahrheit in der Übereinstimmung der Denkgesetze mit den gedachten Gegenständen, mit dem Sein. Er leugnet, daß es apriorische, empirische, physische, historische Wahrheiten gibt. Er leugnet die wissenschaftlichen Wahrheiten. Dieses Unternehmen, das alle Kriterien des Wahrheitsbegriffes aufhebt, scheint auf einen radikalen Skeptizismus hinauszulaufen; wir werden aber sehen, daß es eine andere, durchaus überraschende Wendung nimmt. Der Kampf des willensbejahenden Immoralismus gegen die willensverneinende Moral wird hier zu einem Kampfe des Werdens gegen das Sein. Es geht um die Vernichtung des Seinsbegriffes selbst. Der Ansatz der Beweisführung ist folgender: schon „der Wille zur logischen Wahrheit" setzt eine Fälschung alles Geschehens voraus, weil es identische Fälle, die das unerläßliche Material der Logik sind, gar nicht gibt. Die logischen Axiome sind nichts anderes als Imperative über das für wahr zu Haltende. Die Logik gilt daher nur von fingierten, von uns erschaffenen Wahrheiten. Schon diese Formulierung zeigt, daß Wahrheit Einbildungskraft ist. Erkennen und Werden schließen sich aus, folglich ist die Erkenntnis selbst ein Werden, das die Täuschung des Seienden schafft. Dieser Angriff auf die Axiomatik der Logik bereitet den Angriff auf das Sein und das Seiende vor. Der ganze Bereich des eleatischen Denkens wird negiert. Es gibt keine Individuen, keinen Raum; das alles ist Schein. Das Bewußtsein ist fast überflüssig, „bestimmt vielleicht, einem vollkommenen Automatismus Platz zu machen." Nietzsche hält an der Phänomenalität der „inneren Welt" fest. Es gibt keine Tatsachen, keine Kausalität, kein kausales Denken. Aller Positivismus ist falsch, da er von Tatsachen und nicht von Interpretationen ausgeht. Objekt und Subjekt sind hinfällig. Die cartesianische Realität an sich des Gedankens ist unzulässig. Die Zahl ist perspektivisch.

Die Frage ist hier: was bleibt? Wenn das Subjekt als Vielheit erkannt wird, wenn seine Sphäre unmeßbar wächst und abnimmt und dabei ihren Mittelpunkt verschiebt, dann sehen wir die plasmatische Kraft des Willens an der Arbeit, sein plasmatisches, zelluläres Wirken. Er hat kein ruhendes Zentrum, keine feste Kontur. Er eignet sich etwas an, verleibt sich etwas ein und er stößt das Angeeignete und Einverleibte wieder von sich. Der Leib ist ein „Idioplasma". Nietzsche sieht von hier aus in plasmatische Strukturen hinein; diese aber sind in ihren Anfängen chaotisch. Wenn er ein ursprüngliches Chaos der Vorstellungen annimmt, wenn überhaupt das Chaos jetzt vor seinem Denken auftaucht, so hat das Sinn, denn Chaos ist das Urplasma. Als Urplasma, als urträchtig, als den formlosen Erreger ungeheurer plasmatischer Kräfte haben wir uns das Chaos vorzustellen. Welcher Weg wird hier beschritten? Zunächst der Weg der Fiktionen, der Weg durch eine sich für wahr haltende Fiktionswelt. Lauter Fiktionen, lauter Erdachtes, lauter Schein, lauter Einbildungskraft, damit kommt Nietzsche dem Dionysischen näher und näher. Das wunderbare Phänomen ist, daß er mit den Mitteln und dem Rüstzeug des Denkers auf die Mythe zustrebt. Wie das geschieht, ist jetzt aufzuzeigen.

Die „wahre" Welt ist nur eine zweite scheinbare Welt; sie ist die scheinbare Welt „noch einmal". Der Charakter des Scheinbaren ist das Perspektivische. Die Relationen gehören zu den Perspektiven. Indem Nietzsche alles Erkennen als perspektivisch und relativ ansetzt, bringt er alles in Fluß. Denn seine Perspektiven sind Willensperspektiven. Entscheiden sie allein, dann ist damit das Sein schon negiert. Die Welt ist ein „Gesamtspiel" von Aktionen und Reaktionen; das ist ihre Realität. Zuletzt ist die scheinbare Welt, der eine zweite scheinbar wahre Welt aufsitzt, keine Welt des Scheines mehr; „es bleibt kein Schatten von Recht mehr, hier von Schein zu reden". Die scheinbare Welt ist nun die Welt, die „wahre" Welt aber eine Chimäre, ein Nichts, ein nihilum album. Das Scheinbare ist das für uns vollkommen Wahre. Das heißt aber: die „wahre" Welt und die Scheinwelt sind beide Fiktion, sind Fiktionswelten. Die Scheinwelt aber ist die umfassendere, die fruchtbarere, mächtigere; sie zieht jetzt die „wahre" Welt, die das Denken aus dem Schein herausgezogen, von ihm abgesondert hatte, wieder in diesen hinein. Es gibt nur noch Schein. Und noch einen Schritt weiter: da das Verhältnis von Sein und Schein als irrelevant erkannt wird, da es kein „wahres" Sein gibt, gibt es auch keinen Schein mehr. Wenn die „wahre" Welt bisher von der fiktiven abgesondert wurde, so brechen jetzt „wahre" Welt und Fiktionswelt unter dem gleichen Axthiebe zusammen. Warum? Weil die Trennungen des trennenden Verstandes herausgezogen werden. Der Verstand wird hier als erstarrte Einbildungskraft begriffen. Diese Einbildungskraft wird gleichsam wieder flüssig. Die Welt einer durch den Verstand nicht mehr isolierten und getrennten Einbildungskraft aber — Nietzsche spricht es nicht aus, es muß daher ausgesprochen werden — hat nur einen Herrn und Herrscher: Dionysos.

Damit ist ein Zirkel geschlossen, die Polemik beendet. Es liegen gewisse Schwierigkeiten in diesem Denkprozesse, zunächst sprachliche und terminologische, denn Nietzsche muß sich einer Sprache und Terminologie bedienen, die seinem Denken Widerstand leistet. Er hat diese Schwierigkeiten empfunden. „In der That", heißt es in der „Götzendämmerung", „nichts hat bisher eine naivere Überredungskraft gehabt als der Irrthum vom Sein, wie er zum Beispiel von den Eleaten formuliert wurde: er hat ja jedes Wort für sich, jeden Satz für sich, den wir sprechen! — Auch die Gegner der Eleaten unterlagen noch der Verführung ihres Seins-Begriffes: Demokrit unter anderen, als er sein Atom erfand... Die ‚Vernunft' in der Sprache: o was für eine alte betrügerische Weibsperson! Ich fürchte, wir werden Gott nicht los, weil wir noch an die Grammatik glauben..." Kürzer gesprochen: „Die Ausdrucksmittel der Sprache sind unbrauchbar, um das ‚Werden' auszudrücken." In der Tat werden sie unbrauchbar, nicht nur weil eine „gröbere Welt von Bleibendem", eine Welt von „Dingen" jetzt Bedürfnis wird, sondern weil die Sprache an einem bestimmten Punkte hier versagt und sich dem Ausdruck entzieht. Grammatikalisch betrachtet ist sie Ausdruck des Seienden, einer Seinsordnung, nicht eines Werdens. Als Ausdruck des Werdens erscheint sie vor allem in ihren verbalen Beziehungen, in Konjugationen und Deklinationen. Subjekt, Objekt, Prädikat sind Ausdruck einer Seinsordnung. Substantiv und Adjektiv sind es auch. Die Sprache ist ein unvollkommenes Mittel, um das Werden auszudrücken, denn was gesprochen ist, das bleibt und härtet sich. Ich muß die Sprache an einem bestimmten Punkte hinter mir lassen, denn sie zerbricht dort, wo sie Ausdruck des reinen Werdens werden soll. So zerbricht zuletzt die Sprache Hölderlins, die Sprache Nietzsches.

Der Wille zur Macht interpretiert. Es gibt nur noch Interpretationen. Was als Tatbestand erscheint, ist Interpretation. Causa, Zweck, Mittel sind Interpretationen. Selbst „die Bildung eines Organs" ist Interpretation. Die Interpretation ist ein „Mittel selbst, um über etwas Herr zu werden". Alle Begriffe sind schon Interpretationen, also wohl auch, wenn hier ein Scherz erlaubt ist, der Begriff der Interpretation selbst. Die Interpretationen sind dazu da, um wieder interpretiert zu werden. Wir leben in einer Welt von Interpretationen und Interpreten. In einer Welt des Seins müssen die Interpretationen einmal aufhören; in einer Welt des Werdens hören sie nie auf. Das Werden setzt sich nicht in Seinstatbeständen und Seinstatsachen ab, es geht in Interpretationen in infinitum fort. Der Wille zur Macht, der sich in ihm ausspricht, gipfelt in einer Paradoxie. Er sucht dem Werden „den Charakter des Seins" aufzuprägen. Er gipfelt in der Wiederkehr, durch welche die Welt des Werdens „extrem" an die des Seins angenähert wird. Aber es gibt nichts Seiendes, es gibt nur das Imaginäre.

Die perspektivische Welt ist nach Nietzsche „falsch". Aber sie ist nicht nur nicht unwahr, sie ist die einzig mögliche. Seine Perspektiven und Relationen sind nichts anderes als Interpretationen. Der Begriff der Interpretation ist der umfassendere. Er steckt schon in den Perspektiven und Relationen; sie müssen als solche interpretiert werden. Seiner Herkunft nach ist der Begriff der Interpretation ein philologischer; der Philologe und Textprüfer Nietzsche wendet ihn an, weitet ihn aus und macht ihn in einer neuen Weise für seine Absichten brauchbar. Hier handelt es sich nicht mehr um sinngetreue oder wissenschaftlich genaue Auslegungen, nicht um das kritische Lesen von Texten. Da im Werden alles provisorisch, alles interimistisch ist, ist die Interpretation selbst ein Interim, ein Intermezzo. Sie sagt über Wahres und Falsches nichts aus; sie ist nur der Modus des Sichaneignens, des Überwältigens, des Preisgebens und Fahrenlassens. Die Interpretationen sind Triebe, denn es ist das Wesen des Triebes, daß er sich interpretiert. Deshalb ist schon der Leib eine Interpretation oder

vielmehr das Ergebnis zahlloser und fortgesetzter Interpretationen. Diese setzen wie der Wille zur Macht selbst Widerstände voraus, denn ohne Widerstände kann es nicht zu ihnen kommen; ohne Widerstand gibt es keinen Willen. Die Nietzschesche Interpretation ist nichts weniger als eine Erklärung; sie als solche aufzufassen, ist ein Mißverständnis. Es handelt sich nicht darum, durch ein Erklären das Unerklärliche fortzuschieben, herumzuschieben, wie es die Wissenschaft tut; es geht vielmehr darum, mit allem Erklären Schluß zu machen. Nietzsches Bemerkung, daß der Begriff Gott nur aufrechterhalten werden könne „als Maximal-Zustand, als eine Epoche", ist eine exakte Interpretation des Dionysischen.
In diesem Denken steckt als Konsequenz: wenn unser ganzes Erkennen Fiktion ist oder doch auf Fiktionen ruht, wenn also die Gesetze der Logik zu diesen gehören, hergerichtet, zurechtgemacht von uns und für uns sind, dann ist die Fiktion auch die einzige Macht und Kraft, mit der sich eine Beschäftigung verlohnt. Und um noch einen Schritt weiterzugehen: wenn alles Fiktion ist, dann gibt es keine Fiktionen mehr. Wenn alles Interpretation ist, wenn alle Kraft der Interpretationen im Schaffen von neuen Fiktionen liegt, dann besteht kein Recht mehr, von Fiktionen zu sprechen, in jener abschätzigen Bedeutung des Worts nämlich, die gegenüber dem Fiktiven auf Realitäten pocht. Der Anspruch auf Erkenntnis einer „wahren", das heißt von uns selbst, von unseren Erkenntnisorganen unabhängigen Welt kann nicht mehr aufrechterhalten werden. Wir können die Kluft, welche Kant zwischen Noumena und Phänomena, zwischen Ding an sich und Erscheinung aufriß, nicht mehr anerkennen. Die Eleaten glaubten an die Wahrheit des Seins, Platon an die Wahrheit der Ideen — aber das ist nicht mehr unser Wahrheitsbegriff. Uns wird alles wieder wahr, auch der Schein, denn die Transparenz des Scheines ist ein Aufbrechen von Lichtstrahlen, ein Sichtbarwerden,

Wahrhaftigwerden der Welt. Wir können die Dinge nicht häuten, indem wir den Schein vom Sein abziehen, und wir schinden den Menschen nur, wenn wir ihn diesem Experiment unterziehen. Nietzsche spricht das nicht aus, aber sein Denken schließt es ein. Wird unser Denken durch die Einbildungskraft gesteuert, dann fällt aller erkenntnistheoretische Idealismus, nicht nur das Sein, die Idee, das Ding an sich, sondern auch die von ihnen abhängig gesetzte Welt der empirischen Realitäten. Auch sie ruht auf Fiktionen. Es gibt dann weder eine „wahre" Welt, die unserer Erkenntnis verschlossen bleibt, noch eine erkennbare Welt, die von dieser „wahren" abhängig ist. Wer das nicht begriffen hat, der hat vom Denken Nietzsches nichts verstanden, der weiß überhaupt nicht, worauf er hinauswill, der tappt im blinden über den Gang seiner Gedanken, der tastet nur in geschichtlichen und psychologischen Konjunkturen umher. Nicht nur die „wahre" Welt, auf die aller Idealismus sein Augenmerk richtet, wird von ihm negiert, auch die Welt der Erscheinungen, insofern sie zu dieser „wahren" Welt gehört und von ihr abhängig ist, wird von ihm geleugnet. Darin steckt nicht, wie mancher glaubt, ein bloßer Angriff auf die Transzendenz, sondern mehr. Setzen wir den Fall, daß jemand das Jenseits leugnet, daß er es einfach streicht, um sich im Diesseits einzurichten. Das ist ein Unternehmen, dem wir häufig begegnen, aber ein zum Scheitern verurteiltes. Denn ich kann das Jenseits nicht streichen, ohne mit dem gleichen Federstriche das Diesseits zu streichen, das davon abhängig ist und nicht einmal mehr ein bestimmbarer Ort bleibt, in dem eine Einrichtung gelingt. Ich kann nur beides streichen, das heißt ich muß eine neue Welt schaffen. Ich kann in dem Verhältnis von rechts und links, oben und unten, Ost und West nicht eine Lagebestimmung streichen, ohne auch die andere aufzuheben. Was heißt das hier? Zunächst dieses, daß alles, was wir erkennen, von uns auch erdacht, erdichtet, geschaffen,

eingebildet ist, daß es nur noch Einbildungskraft gibt und daß die Welt sich so darstellt für uns, wie sie dieser Einbildungskraft gemäß ist, daß sie unsere Welt ist, neben der keine andere in Betracht kommt. Wir sind es, die die Welt hervorbringen und schaffen. Diese erdachte, erdichtete, eingebildete Welt bedarf keiner „wahren" Welt mehr, aber auch keiner Welt empirischer Realitäten, die von der „wahren" Welt abhängig ist, oder wie die Brahmanen sagen würden, keines getrübten Brahma. Der Gang des Denkens geht von der empirischen über die idealistische zu einer imaginierten Wirklichkeit. Es liegt eine ungeheure Erleichterung für Nietzsche darin, daß alles wegfällt, daß der Dualismus beseitigt wird.
Wie steht es jetzt mit dem Wahrheitsproblem selbst? Glaubenswahrheiten, die ein Fürwahrhalten sind, gibt es nicht; logische Wahrheiten gibt es nicht. Es gibt überhaupt keine Wahrheit mehr, aber auch keine Unwahrheit. Es gibt nur noch Einbildungskraft. Die Einbildungskraft tritt an die Stelle des Glaubens. Der Mensch ist das, was er sich ein-zu-bilden vermag. Der Übermensch ist der Mensch der höchsten, stärksten, sublimsten Einbildungskraft. Das Erstaunliche an dieser Konzeption ist, daß Nietzsche mit ihr ganz in den mythischen Bereich eindringt, zurückdringt, zurücktaucht. Feindlich gegen das Sein und das Seiende wendet er sich dem Werden und der Lehre von der ewigen Wiederkehr zu.
Die ganze umfassende Beweisführung läßt sich auf folgende Erwägungen zusammenziehen: in der Welt des puren Werdens gibt es kein Sein. Es gibt in ihr keine aristotelische Logik. Der Identitätssatz gilt nicht mehr, er verliert alle Bedeutung. Denn wie soll man Identitäten überhaupt noch feststellen? Welche Handhaben, um sie zu fassen, gibt es noch. Hier ist a = nicht a. Hier kann ich für und gegen etwas sein. Hier kann etwas stimmen und nicht stimmen, wahr und unwahr, falsch und richtig sein. Anders gesprochen: es gibt nichts Wahres

und Unwahres, nichts Falsches und Richtiges. Veritas ist hier nicht adaequatio intellectus et rei mehr, denn etwas Adaequates ist nicht mehr auszumitteln. Hier gibt es keine Statistik mehr, denn es fehlt an den statischen Grundlagen für sie. Hier gibt es Kurven, gibt es eine parabolische Wirklichkeit. Wäre eine solche Wirklichkeit mathematisch beschreibbar, könnte sie mathematisierbar werden? Vielleicht, doch nur in Annäherungen.

Die Welt des Werdens ist von vollkommener Irrationalität. Sie ist „vernunftwidrig". Aber so könnte sie nur von einem Betrachter bezeichnet werden, der sich außerhalb ihrer befindet, der sie von einer Seinsordnung her abzumessen versucht. Sie ist irrational, das heißt inkommensurabel wie jene Zahlen der Mathematik, deren Wert nicht genau, sondern nur annähernd, durch einen unendlichen Dezimalbruch ausgedrückt werden kann, wie die Wurzeln der ganzen Zahlen, wie die Kreisumlaufszahl II. Die Entdecker des Irrational, die Pythagoräer, nannten es alogos, unaussprechlich, etwas Existierendes, das sich mit den bisherigen Zahlen nicht aussprechen ließ. Annähernd also ließe sich die Welt des Werdens durch solche Zahlenreihen ausdrücken, die durch eine unendliche Reihe rationaler Zahlen als deren Grenzabschluß definiert werden. In der Welt des Werdens gibt es nur Grenzbegriffe, Begriffe, die durch einen Grenzübergang gebildet werden. Die eleatischen Paradoxe bestehen hier zurecht. Die Vorstellungsreihen, wie sie durch Zeit, Raum und Zahl entstehen, haben hier kein Ende; zu ihnen muß als künstliches Hilfsmittel eine Grenze hinzugedacht werden. Man könnte die Lehre von der ewigen Wiederkehr als eine solche Grenze auffassen. Die vorangehende Reihe bestimmt dann die Grenze, ist zugleich mit ihr gegeben; die Grenze erscheint als ein Notbehelf des Verstandes. Die Grenzbegriffe des Unendlich-Großen und Unendlich-Kleinen, mit denen Funktionentheorie und Differentialrechnung

arbeiten, lassen sich nach Bolzano auf die Unendlichkeit der Zahlenreihe zurückführen. Die Anzahlenreihe etwa hat eine unendliche Größe; das Schildkrötenparadoxon Zenons betrifft das Unendlich-Kleine. Gibt es aber unendliche Mengen, ist der Begriff unendlich überhaupt denkbar? Aristoteles bestreitet das, und immer wieder, zu allen Zeiten wird es bestritten werden. Indessen arbeiten wir mit dem Unendlichkeitsbegriff; wir finden uns genötigt, ihn anzuwenden. Mathematik und Physik können ihn nicht entbehren. Man mußte die Möglichkeit eines Unendlichwerdens zugestehen und hat zwischen dem Unendlichen im Sein, zwischen einem infinitum potentia und einem infinitum actu unterschieden. Cantor bemerkt, daß ein Unendliches im Werden zu seinem Werden stets ein Unendliches im Sein voraussetzt. Nietzsche verneint das.
In der Welt des puren Werdens gibt es keine Wissenschaft mehr. Die Wissenschaft ist der „Widerwille des Intellekts an dem Chaos". Sie ist eine „Zwangsschule von wissenschaftlichen Irrtümern", als solche nützlich, aber „ohne tragischen Stolz", ohne Größe, ohne Täter. Sie ist nützlich nur als Vorbereiterin einer „souverainen Unwissenheit". Wissenschaft ist also etwas, das wir hinter uns lassen müssen, das vor allem der Übermensch hinter sich läßt; er treibt keine Wissenschaft mehr. Wozu sollte er noch Wissenschaft treiben? Sie ist ein Umweg des Willens zur Macht, er aber dessen höchster Repräsentant. Das ist der Weg Nietzsches selbst. Er wirft nach und nach ab: den Philologen, den Wissenschaftler, den Philosophen. Damit erfüllt er seine eigentliche Aufgabe. Er durchmißt die ganze Welt der Begrifflichkeit, wissenschaftlich, moralisch, philosophisch, und verneint den Sonderanspruch auf Wahrheit, den sie erhebt. Die Polemik Nietzsches hat ihre Schichten, die sich nicht nur gegeneinander abheben, sondern auch aufheben. Daraus lassen sich die Einwände gegen sein Denken nicht ziehen. Etwas anderes ist es, den gesamten Strom, der in diesem Den-

ken läuft — oft unterirdisch, oft durch die Polemik, durch die Argumentation verhüllt — zu bemerken. Man muß bemerken, wie dieser Strom mächtiger und mächtiger wird, wie er aus dem Unterirdischen hervorbricht ins Licht und sich wieder im Dunkel verliert. So verhält sich der Gott selbst. Das sind die Augenblicke des Glückes, des süßen, hellen Gesanges, der Wasserlichtflut des Denkens. Das sind die halkyonischen Momente, die alcedonia, die Momente des dionysischen Meeresvogelglückes, der glücklichen Stille des Werdens, in der keine apollinische Seinsmächtigkeit sich genießt und fühlt, sondern die Harmonie und Melodie immer bewegter und bewegender Kräfte. Der Mittag Nietzsches ist der Mittag des dionysischen Lebensgefühls.

Nietzsche hat kein Verhältnis zur Architektur, zur Plastik; er kann es nicht haben. Man merkt das schon seinen Sätzen an, dem Duktus dieser Sätze, ihrer Diktion. Die Sätze werden vom Affekt geformt, vom Affekt auf die Spitze gestellt. Eines sind sie gewiß nicht: Quadern, Säulen, Kapitelle, Architrave. Eines findet man in ihnen gewiß nicht: die somatische Ruhe und Harmonie der griechischen Tempel. Nietzsche hat nicht den Instinkt des Baumeisters; er hat den nervösen Instinkt der Schauder, Schauer, Frissons und Nuancierungen, den Instinkt für feine Unterschiede und Farbenspiele. Sein höchstes Glücksgefühl ist „ein vollkommenes Außer-sich-sein mit dem distinktesten Bewußtsein einer Unzahl feiner Schauder und Überrieselungen bis in die Fußzehen". Er hat ein unendlich durchgebildetes, zartes, verfeinertes Gefühl für Vibrationen. Darin übertrifft er jeden Seismographen. Sein Stil hat etwas Vibrierendes, ein Vibrato. Und er hat noch mehr Spürsinn, Ahnungs- und Witterungsvermögen. Liest man eine Schrift wie „Jenseits von Gut und Böse", die prophetisch ist, am sichtbarsten in der Voraussage der Weltkriege, dann spürt man, daß sie in vollkommener Weise gesetzt ist. Doch wäre es falsch zu sagen, daß

sie aus einem Blocke geformt ist, aus einem Gusse entstanden
ist, weil solche Bilder hier falsch sind. Sie hat viel mehr von
der musikalischen Interpretation eines Themas; sie variiert
und moduliert den Gedanken. Man spürt die feine und ver-
letzliche Haut in jedem Satze; der Satz pulst und vibriert in
einer ständigen Unruhe. Er hat eine sublime Gereiztheit, die
ihn nie zur Ruhe kommen läßt. Er hat, vom Leser aus empfunden, etwas Stechendes. Man denke darüber nach, welches
Verhältnis die Seher, die Propheten zu den Gebäuden haben.
Lassen sie jemals in ihren Gesichten und Prophetien die Bauten stehen? Oder bringen sie sie nicht vielmehr zum Wanken
und Stürzen?

      Setzt Moab ein Grabmal!
      Es ist ja zerstört.
      Seine Städte werden zur Wüste,
      Ohne Bewohner.

So, im Stile der Propheten des Alten Testamentes, heißt es
im „Zarathustra": „Wehe dieser großen Stadt! — Und ich
wollte, ich sähe schon die Feuersäule, von der sie verbrannt
wird! Denn solche Feuersäulen müssen dem großen Mittag
vorangehen". In der Tat, sie gehen ihm voran.

Dieser Stil schärft sich von Schrift zu Schrift, wird ungedul-
diger, erbitterter, akkusatorischer. Er wird immer schneidender, beißender und boshafter. Die Unruhe nimmt zu, die Paradoxe häufen sich. Er wird zuletzt tückisch, denn es werden in
ihn Fallgruben, Fanglöcher, ein ganzes Arsenal verletzender
Waffen eingebaut. Seine Bestimmung wird es zuletzt nur noch
zu brüskieren, zu verletzen, einen Skandal heraufzubeschwö-
ren. Nietzsche schreit und überschreit sich da. Sein Denken
hat immer den Gegner vor sich, ist von Anfang an eine
„Kriegspraxis". Schon der junge Nietzsche hat diese Kriegspraxis formuliert: nur siegreiche Sachen angreifen, warten, bis
sie siegreich sind, nur allein angreifen, sich allein kompromit-

tieren, die Person nur als Mittel zum Zweck betrachten. Die Schrift gegen David Strauß verwirklicht diese Kriegspraxis. Es ist viel Brio in ihr, viel Charme, viel Muße des Geistes. Strauß begriff nicht einmal, was das ganze Turnier bedeutete, warum er angegriffen wurde. Er hatte zuviel Hornhaut dafür. Und so begriffen die Gegner nie, aus welcher Sphäre und Dimension der Angriff kam, von welcher Kraft sie überspielt wurden. Diese ganze furchtbare Polemik begegnete viele Jahre hindurch einem tiefen, verständnislosen Schweigen, prallte, wie es schien, wirkungslos an dem dicken Fell europäischer Wirtschaftsprosperität ab. Ein solches Schweigen hat etwas Schützendes; es war der beste Schutz, den sich ein einsamer, die Welt des Gedankens durchwandernder Geist wünschen konnte. Es sicherte Nietzsche die Bedingungen seiner Arbeit: Namenlosigkeit, Ungestörtheit, freie, einsame Beschäftigung. Durch dieses Schweigen blieb er vor einer Fülle von Zugriffen und Eingriffen verschont; er genoß die Vorteile eines Menschen, der mit einer Tarnkappe ausgerüstet ist. Nietzsche hat das nicht hoch genug in Anschlag gebracht, denn er wollte wirken, und zwar unmittelbar. Er formt seinen Gedanken so, daß man ihm den Willen zu unmittelbaren Wirkungen ansieht. Dieser Gedanke soll mit einer unmittelbar sprengenden und zerreißenden Kraft auf die ideellen und materiellen Gerüste der Umwelt einwirken, soll explosive Wirkungen hervorbringen. Das ist das Geheimnis seiner Präsenz und Aktualität. Er ist ganz Wendung, ganz pointiert. Was Nietzsche an Galiani entzückte, war der Stil, der ganz Wendung, ganz Pointe ist. In Galiani spricht sich das Glück einer hohen intellektuellen Kraft aus, einer Kraft, die sich selbst und die Welt genießt. Galiani ist bei einem vulkanischen Temperament geistig kalt und ruhig. Nietzsche aber ist nie ruhig. Er ist viel zarter, viel verletzlicher organisiert. Das Verletzende an ihm ist so groß, weil das Verletztsein vorausging. Man stelle sich einen Taucher vor, dem unter seiner Glocke die Luft, der Atem ausgeht. Er will vor allem Luft; könnte er die Glocke zerbrechen, würde er es tun, selbst wenn ihn das hereinbrechende Wasser im Nu ertränkte.

Wie wirkt der dionysische Mensch auf die bürgerliche Gesellschaft? Zunächst durchaus fremdartig, unheimlich, unverständlich, rätselhaft, beunruhigend. In das durchrationalisierte, durchökonomisierte Gefüge, in das materialisierte Denken, das ganz Selbstzweck geworden ist, das sich selbst aufzehrt, ohne etwas hervorzubringen und zu hinterlassen, tritt er als Fremdling ein. Er kommt als ein anderer, und dieses Anderssein wird deutlich. Der späte Nietzsche hat dieses Fremde, Unheimliche. Seine Freunde haben es an ihm bemerkt. Sein Denken wirkt unheimlich, unvertraut, unbehaglich. Dieses Denken ist das Skandalon der Gesellschaft, ihr Ärgernis und ihr Störenfried. Die Werte werden auf den Kopf gestellt; die Welt wird von einem Narren und Wahnsinnigen verkehrt. Die Umwertung aller Werte ist zuletzt nichts anderes als die Wiedereinsetzung des Kultus der Narrheit. Nietzsche ist uns die Darstellung des Narren schuldig geblieben. Der Narr ist mehr als der Schauspieler; er hat dessen Brüchigkeit, Rezeptivität und Reproduzierbarkeit nicht. Er ist der wahrhaft dionysische Mensch, der Mensch des Überflusses, der perfekte Tänzer und Springer, bewaffnet mit dem Spiegel der Einbildungskraft, mit Hörnerkappe, Schellen und Pritsche. Das Problem des Nihilismus findet seine Lösung zuletzt in einer dionysischen Wirklichkeit; in ihr ist die Lehre von der ewigen Wiederkehr, die den Willen bejaht, beheimatet. Warum, seufzt der Mensch, ist alles so fad und leer geworden? Was fehlt mir, was fehlt allen? Der Gott fehlt. Das macht, daß alle Festlichkeit des Lebens wie weggewischt erscheint. Der Karren des Lebens schleicht nun dahin, die Sinnlosigkeit der Arbeit, die sich selbst genügen will, kommt heraus. Fremd, fern, unvorstellbar ist der Gott geworden, so unvorstellbar, daß jeder erschrickt, daß jeder, den er anrührt, sich entsetzt, als wäre er von einem unheimlichen, plötzlichen, wilden Föhn angeblasen, vom Föhn, der in der Nacht über die Berge kommt und alle Trauben zur Reife bringt.

Im Verlaufe dieses Denkprozesses, der die Brücken zum Denken abbricht und zuletzt den Denker selbst aufhebt, hat Nietzsche außerordentliche Empfindungen der Helle, des einbrechenden Lichtes, der Luzidität gehabt. Die Trunkenheit des Geistes, und mit ihr das seherische Vermögen nehmen zu. Diese Luzidität, dieses einbrechende Entzücken, Tanz und Übermut, das Entbinden schwellender Quellen und Kräfte, das Strömende, Bewegte, Fließende, dieses alles ist Glück des Werdens. Es hebt den Fuß, macht ihn leicht, richtet ihn zum Tanz ein. In das Denken bricht etwas Reißendes und Zerreißendes ein. Und das Ohr beginnt die Süße einer göttlichen Musik zu vernehmen, die über die Kräfte geht. Denn die Glücksempfindung geht hier nicht aus den Quistiven des Willens hervor, sondern aus einer mächtigen, wachsenden Willensanstrengung, aus der Anspannung aller Kräfte. Sie ist fast unerträglich stark, so daß sie Tränen hervorpreßt. Nicht nur in den Zirkeln seiner Schlüsse bricht Nietzsche die Brücken zum Denken eine nach der anderen ab; auch in seinen Glückszuständen wird die Gedanklichkeit, die Welt der Begriffe und Abstraktionen entwertet, denn ihr Bereich erscheint, an diesen Glückszuständen gemessen, abgeleitet und kümmerlich. Nietzsche rückt mehr und mehr an das Chaos heran. Seiner „Phänomenalwelt" steht nun die formlos-unformulierbare Welt des „Sensationen-Chaos" gegenüber, eine andere und für uns unerkennbare Phänomenalwelt. Wahrscheinlich ist ihm nicht bewußt geworden, daß diese von ihm so merkwürdig titulierte Welt nichts anderes als das Totenreich sein könnte, der Hades selbst, der ja beim Chaos beheimatet ist, eine seiner

Konzeptionen und Bereiche ist. Die wachsende Festlichkeit hängt, wie das dionysische Fest zeigt, mit der Durchdringung, Verschmelzung, Einswerdung von Lebensbereichen und Totenbereich zusammen. Nietzsche nähert sich mehr und mehr seinem Herrn; er trifft ihn in dem Augenblick, in dem sein Wahnsinn beginnt. Sein Wahnsinn hängt mit den kathartischen Kräften des Dionysos zusammen.

Ist der Wille zur Macht gleichbedeutend mit einem Willen zur Form, zum Wert, zum Range? Wäre das der Fall, dann müßte, da alles Wille zur Macht ist, da diesem kein Hervorbringen, keine Bewegung entzogen ist, immer eine unversehrte Rang- und Wertordnung vorhanden sein. Der Nihilismus könnte dann niemals, auch vorübergehend nicht, zum Zuge kommen. Auch bedürfte es keiner Umwertung der Werte. Das Gemeine, das Niedrige, das Miserable dieser Menschenwelt, welches ihr Ingrediens ist, welches zu den untilgbaren Mitteln gehört, mit denen der Weltprozeß arbeitet, könnte dann niemals die Stufen der Rang- und Wertordnung in Verwirrung bringen. Diese würde eine diamantene Festigkeit, eine vollkommene Klarheit und Durchsichtigkeit haben, die sich nicht trüben ließe. Aber der Wille an sich ist ein nihilum album, über das sich nichts aussagen läßt, mit dem daher auch keine Beschäftigung lohnt. Nietzsche selbst bemerkt mehrfach, daß der Wille zur Macht mißbraucht worden ist, so durch die römischen Kaiser. Das wäre nicht denkbar, wenn er identisch mit der Rang- und Wertordnung wäre. Der Wille ist noch nicht Form, Rang, Wert. Er muß sich erst mit einer Rang- und Wertordnung verbinden und in sie eingehen, muß sich als ein qualifizierter Wille zu erkennen geben. Nimmt man an, daß der Wille überall und in allem arbeitet, dann liegt zunächst die Frage nahe, warum er sich nicht aufhebt, sich nicht neutralisiert, sich in seinen unzählbaren Äußerungen und durch sie nicht so einschränkt, daß er zum Stillstand kommt. Darauf läuft die mechanistische

Theorie mit ihrer Annahme eines Finalzustandes, in dem der Weltprozeß aufhört, hinaus. Diese Theorie bietet keinen Standpunkt, von dem aus eine Wert- und Rangordnung eingesehen werden könnte; sie befaßt sich nur mit den mechanischen Bewegungen. Eine Lehre vom Willen, die nicht rein mechanisch ist, muß sich mit einer Rang- und Wertordnung verbinden. Für sie muß der Wille schon als qualifizierter Wille aus dem Chaos hervortreten, in Stufen, Graden, Qualitäten. Chaos ist jener Zustand, in dem der Wille vor Zeit und Raum, vor Leben und Tod, vor aller Geschlechtlichkeit wirksam ist, ohne daß sich aus ihm etwas ablöst. Hier verschränkt er sich so, daß alles ungeordnet durcheinandergeht, daß sich nichts bildet, nichts formt. Hier wird noch nichts, hier wechselt das Ungeformte nur seinen Platz. Aus dem Chaos bricht das geformte Werden erst hervor, in Selbstzeugungen, in Stufen. Wir können den Willen zur Macht, den Willen als Macht nachprüfen. Und wir tun das beständig. Er differenziert sich, denn wo er das nicht tut, bleibt er Chaos. Mit dem Chaos müssen wir die Vorstellung verbinden, daß es immer da ist. Es verschwindet nicht dadurch, daß eine sichtbare und meßbare Welt aus ihm sich entwindet. Diese wird vom grenzenlosen Chaos umfaßt, sie gehört ihm nach wie vor an, so eigenwillig sie sich von ihm distanziert. Der Wille differenziert sich in Wert- und Rangordnungen; seine Quanten werden Qualitäten. Diese Äußerungen nachprüfen, heißt die Ermächtigung nachprüfen, die in jeder Äußerung steckt. Eine Wert- und Rangordnung ist eine Einheit von Willensäußerungen. Werten, schätzen, vergleichen ist Nachprüfung des Willens auf seine Ermächtigung hin. Mit einer Alleins-Lehre vom Willen ist noch nichts gewonnen; die Lehre vom Willen zur Macht bedarf auch einer Lehre von der Ermächtigung dieses Willens zur Macht. Der Wille zur Macht kann, wie Nietzsche selbst bemerkt, mißbraucht werden. Ein solcher Mißbrauch ist, vom Standpunkte einer formalen Alleins-Lehre des Willens aus, unverständlich. Verständlich wird er durch eine Lehre von den Qualifikationen des Willens, durch eine Rang- und Wertordnungslehre. Der Wille zur Macht verbindet sich daher bei Nietzsche sogleich mit der Umwertung aller Werte. Der pure Wille schafft nichts; er bleibt im Chaos stecken. Chaos ist nichts anderes als purer Wille, den man sich nicht vorstellen, von dem man sich kein Bild machen kann. Er west nur, er ist noch kein Wesen. Was uns allein beschäftigen kann, ist nicht purer Wille, sind vielmehr konkrete Willensäußerungen, mit denen wir zu tun haben. Einen „Willen zur Macht" gibt es, wie Nietzsche selbst sagt, gar nicht. Er ist nur ein Schibboleth, eine Abkürzung des Denkens, ein Notbehelf des Denkens.

Von hier aus ist der Antagonismus in Nietzsches Denken einzusehen. Er entfaltet zwei Hauptlehren, die mit diametraler Kraft aneinander und gegeneinander arbeiten und nach einer Vereinbarung ringen: seine Lehre von der Rangordnung der Werte und die Wiederkunftslehre. Er ist „Freier der Wahrheit" und ist „nur Narr, nur Dichter". Die Lehre von der Rangordnung der Werte ist apollinisch. Wo es auf Wert und Rang ankommt, auf eine Ordnung, auf die Ewigkeit dieser Ordnung, auf die marmorne Zuverlässigkeit des Seins, das in Maßen und Grenzen hervortritt, dort herrscht, dort befiehlt kein anderer als Apollon. Offenbar sieht er mit sehr kühlem, sehr entfremdeten Auge auf das Werden, auf alle Anstrengung des Willens, mit dem gleichen kühlen Auge, das er auf den Prometheus und alle Promethiden richtet. Ein mächtiger Glanz geht von ihm aus, eine höchste Schönheit, ein göttlicher Adel, in dem sich die höchste Vornehmheit des Seins präsentiert.

Die Wiederkunftslehre aber ist dionysisch. Dionysos ist keineswegs der Herr einer Rang- und Wertordnung, möge diese sich entfalten, wo sie wolle. Er regiert nicht den Staat, er regiert nicht die Polis; er tut etwas ganz anderes. Er bricht mit ungeheurer Kraft mitten durch die Rang- und Wertordnung hindurch. Er ist nicht darüber und nicht darunter, er lebt auch nicht in ihr, nicht durch sie; er bricht durch ihren festen, geronnenen Zeit- und Raumbegriff hindurch. Er verkehrt alle Rang- und Wertordnung, er stellt sie auf den Kopf, wie der Narr sie auf den Kopf stellt. Sein Fest entfaltet sich eben da, wo diese Rang- und Wertordnung außer Betracht bleibt, wo sie nicht gilt. Alkmenes Sohn ist nach Hölderlins Ausspruch „wie Fürsten". Das heißt, er ist ein zweiter Zeus. Semeles Sohn ist „Gemeingeist", das heißt Festlichkeit, denn Festlichkeit ist die Blüte, die Krone, der Gipfel des Gemeingeistes. Dieser Konflikt zweier Reiche, die sich antagonistisch verhalten, ohne daß eines das andere aufzuheben vermöchte, ist in Nietzsches Denken immer spürbar. In der Konzeption des Übermenschen wird er sehr deutlich. Der Übermensch ist nicht der Herrscher in einer apollinischen Seinsmächtigkeit, sondern der dionysische Mensch in der Fülle seiner Lebensbewegung. Wie aber kann er es dann unternehmen, eine neue und unerschütterliche Rang- und Wertordnung zu setzen? Die Umwertung aller Werte ist schon dionysisch und läuft auf die verkehrte Welt hinaus. Der Wiederkunftsgedanke, in dem das Werden sich bejaht, ist dionysisch. Wenn der Übermensch beschrieben wird als „Cäsar mit der Seele Christi", so steht Cäsar für Apollon, Christus für Dionysos. Der Wiederkunftsgedanke ist das mächtigste Thema in Nietzsches Denken; der Zug geht mit reißender Kraft zum Dionysischen.

> Wirf dein Schweres in die Tiefe!
> Mensch, vergiß! Mensch, vergiß!
> Göttlich ist des Vergessens Kunst!
> Willst du fliegen, willst du in Höhen heimisch sein:
> Wirf dein Schwerstes in das Meer!
> Hier ist das Meer, wirf dich in's Meer!
> Göttlich ist des Vergessens Kunst!

Diese Kunst ist dionysisch. Jenes „nur Narr! nur Dichter!", das ihn in der Zeit vor der Umnachtung so sehr beschäftigt hat, ist dionysisch. Wunderlich und wunderbar ist, wie er die Klage des Zauberers im „Zarathustra" jetzt in die „Dionysos-Dithyramben" hineinnimmt und ihr den Titel „Klage der Ariadne" gibt. Der neue Titel verändert den ganzen Gesang, zwingt uns zu einer ganz neuen Deutung. Zarathustra sah in ihm noch das listige Machwerk eines Schauspielers und belohnte den Zauberer dafür mit Stockschlägen. Jetzt hören wir in den gleichen Worten den schmerzlichen Liebesgesang der Ariadne an Dionysos. In dem Schlusse, der neu hinzugefügt wird, erscheint der Gott selbst. Ein Blitz, und er wird in smaragdener Schönheit sichtbar und spricht die Geliebte auf geheime Weise an:

Sei klug, Ariadne!...

Du hast kleine Ohren, du hast meine Ohren:

Steck ein kluges Wort hinein! —

Muß man sich nicht erst hassen, wenn man sich lieben soll?...

Ich bin dein Labyrinth...

Nietzsches Denken endet in der Wiederkunftslehre. Dionysos und Ariadne sind sein letztes Wort. „Ein labyrinthischer Mensch", heißt es im Nachlaß, „sucht niemals die Wahrheit, sondern immer nur seine Ariadne; — was er uns auch sagen möge". Apollon aber kehrt nicht wieder; er ist immer da.

„Ihr fragt, wer diejenigen sind, die uns zu dem Reiche
führen, wenn das Reich im Himmel ist?
Die Vögel in der Luft, und alle Tiere unter der Erde oder
auf der Erde, und die Fische des Meeres, das sind die, die
Euch führen, und das himmlische Reich ist in Euch."

(Oxyrynchos Papyri IV 6)

DER ANTICHRIST

Was Nietzsche über die Entstehung der Religionen sagt, etwa im „Willen zur Macht", das ist Psychologie, und oft noch Psychologie des achtzehnten Jahrhunderts. Der Mensch „legt sich etwas zurecht". Aber was legt der Mensch sich nicht zurecht? Ist das Denken ohne eine Zurechtlegung überhaupt denkbar? Ist es nicht selbst eine Zurechtlegung? Und ist es nicht so, daß der Psychologe sich noch die Zurechtlegung zurechtlegt? Warum ist diese Religionspsychologie unergiebig? Weil sie neben dem freien Schaffen, neben der schaffenden Macht der Einbildungskraft nicht in Betracht kommt, weil der homo religiosus nur als Schaffender gilt. Jener andere Mensch, der entwickelt, auseinanderlegt, erklärt und analysiert, zählt neben ihm nicht. Er zählt nicht, weil er doch nur von dem lebt, was der Mensch des Überflusses hervorbringt. Was ist damit gesagt, daß die Religion ein Fall der „altération de la personnalité" ist? Nichts offenbar. Die Frage ist: wie muß ich eine Religion angreifen, um sie zu Fall zu bringen? Auf diese Frage kann die Antwort nur lauten: durch eine neue Religion, nicht aber durch philologische Interpretation und durch ein an ihr geschultes psychologisches Verfahren. „Die Rechtschaffenheit, mit der heute ein Philologe einen Text liest oder ein historisches Ereignis auf seine Wahrheit prüft", kommt gar nicht in Anschlag, denn um den Text eben handelt es sich, nicht um dieses Lesen und den Kommentar dazu. Auf Texte kommt es an, nicht auf Kommentare. Was heißt es, wenn Nietzsche den „Gesichte-Seher" einen „moralischen Cretin" nennt, der nicht ein tausendstel dieser philologischen Rechtschaffenheit besitzt? War er nicht selbst ein Gesichte-Seher? Auf das Gesichte-Sehen, auf das Sehen kommt es an, das heißt an Stelle der Psychologie tritt die Physiognomik. Es handelt sich nicht darum, in einen Menschen hineinzukommen, von hinten her, von der Rückseite nämlich und nicht vom Gesichte her; es handelt sich darum, ihn zu sehen. Psychologie ist die unvornehme Methode par excellence. Es handelt sich allein darum zu sehen; was nicht gesehen wird, das ist nicht da. Wo gesehen wird, dort steht alle psychologische Polemik sofort still; der Mensch hat kein Verlangen mehr nach ihr. Dort schweigt der akkusatorische Stil, welcher der Psychologie eigen ist. Vermittelst der Psychologie sieht man nicht; ihr Kennzeichen ist, daß sie, weil sie nicht sieht, auch nichts heil läßt. Sie findet nur Funktionen, die sie gegeneinander ausspielt.

Das psychologische Verfahren verwickelt den Denker in Widersprüche. Das Christentum ist bald ein „entmanntes Menschheits-Ideal", bald „faszinierend für die robustere Art Mensch", für den männlichsten Mann, den Korsen und den heidnischen Araber. Im Falle der heiligen Therese und ihrer Brüder ist es eine „Donquixoterie des Heroismus". Wie soll man den folgenden Satz beurteilen? Daß es nicht darauf ankommt, ob etwa wahr ist, sondern wie es wirkt, sagt Nietzsche, ist „ein absoluter Mangel an intellektueller Rechtschaffenheit". Er wirft das dem Christentum vor, und der Vorwurf ist merkwürdig, denn in einer Willensphilosophie, die auf ein ewig wiederkehrendes Werden hinausgeht, kommt es auf Wahrheit nicht an, sondern auf Wirkungen. Die Wahrheit kann in einer solchen Philosophie nur dynamisch und wirkend gefaßt werden. Es genügt, solche Widersprüche, wie sie insbesondere zwischen dem „Willen zur Macht" und dem „Antichrist" bestehen, anzudeuten.

Der Angriff, den Nietzsche gegen das Christentum führt, hat seine eigene Methodik:

1. Er verkleinert Christus.
2. Er hebt ihn gegen die Evangelien, gegen Paulus, gegen das Christentum und die Kirchen. Er trennt das Christentum von Christus, den Stifter von der Stiftung, sucht also den ganzen historischen Bau zum Einsturz zu bringen. Hier entwickelt er seine Lehre von den Fälschungen. Die Lehre Christi ist verfälscht worden, insofern an die Stelle der Praxis des Lebens Dogmen, Formeln und Riten gesetzt worden sind. Das Reich Gottes, welches für Christus ein Himmelreich des Herzens war, wurde chronologisch-historisch genommen. Eine Lohn- und Straflehre, eine Lehre von der Sünde, Buße und Vergebung ist eingeschmuggelt worden. Die Lebenspraxis Christi wurde versachlicht und personalisiert, zur Hierarchie ausgebaut. Die Evangelisten schon, sodann Paulus haben die Lehre Christi verfälscht. Christus hat die Priester und Theologen abgeschafft, Paulus führt sie wieder ein. Paulus ist der große Verderber und Verfälscher des Christentums. Dieser ganze Abschnitt der Kritik ist reformatorisch und geht auf der Bahn der Reformatoren weiter, sucht an Christus selbst anzuknüpfen.
3. Er hebt andere Religionen gegen das Christentum, das Gesetzbuch des Manu, den Brahmanismus und Buddhismus.
4. Er weist nach, daß das Christentum dem Ressentiment entstammt.
5. Er greift die Moral des Christentums an, greift das Christentum als Moral an, greift den moralischen Gott an. Das ist der tiefste Ansatz der Kritik.

6. „Das Christentum ist jeden Augenblick noch möglich". Die Gelehrten sind die besten Christen heute.
7. Aber die moderne Naturwissenschaft überwindet das Christentum nicht. Christus am Kreuze ist immer noch „das erhabenste Symbol".
8. Nietzsche erklärt: „Wir haben das christliche Ideal wieder hergestellt". Er nimmt für sich in Anspruch, die wahre Lehre Christi wieder aufgezeigt zu haben.

Aus einem protestantischen Pfarrhause stammend, in der Tradition eines solchen Hauses, in seiner Atmosphäre, seiner Lebensluft aufgewachsen und erzogen, fühlt Nietzsche alles, was Theologenblut im Leibe hat, die Philosophie eingeschlossen, als Gegensatz. „Man muß das Verhängnis aus der Nähe gesehen haben, noch besser, man muß es an sich erlebt haben, muß an ihm fast zu Grunde gegangen sein, um hier keinen Spaß zu verstehen". Ein solcher Satz läßt keinen Zweifel darüber, daß Nietzsche durch die Schule des Christentums hindurchgegangen ist, sie auf gründliche Weise praktiziert hat. Daß diese Schule eine protestantische war, zeigt die Richtung des Angriffs, zeigt die Argumentation, deren er sich bedient. Er nimmt das Christentum ernst, ernster als es die Masse der Christen selbst nimmt. Er rechnet sich zur Ehre an, „aus einem Geschlecht zu stammen, das in jedem Sinne ernst mit seinem Christentum gemacht hat". Er denkt dabei an seinen Vater. Er nennt den vollkommenen Christen die vornehmste Form Mensch, der er begegnet ist, und nennt neben ihm, aber tief unter dem christlichen Niveau, den vollkommenen Künstler des romantischen Ideals. Da er diesen beiden Formen Mensch den Rücken gekehrt hat, ist er zur Einsamkeit verurteilt. Er denkt dabei an Wagner.

Die Wucht des Angriffs, der Raum, den Nietzsche ihm in seinem Denken einräumt, zeigt, daß er im Christentum eine Macht ersten Ranges sieht, eine Weltmacht, die immer noch allen anderen Mächten überlegen ist, dem Staate wie der Wissenschaft. Der Christ, insofern er diesen Namen verdient, hat also allen Anlaß, gegenüber dieser Polemik seine Ohren zu spitzen; er tut gut daran, ihr zu folgen, sie ganz durchzugehen, sich ihr ganz auszusetzen. Wenn der Christ sich gestattet, von dem „verrückten" Nietzsche zu sprechen, so hat das nichts Christliches. Nietzsche, ein Typus des homo religiosus von großer Kraft, war einer der frömmsten Menschen seiner Zeit. Dafür aber muß man Augen haben; man darf sich nicht an ein Schema, an eine Schablone halten, an geläufige und konventionelle Begriffe. Ihm fehlte jede Spur von Devotion; schon das verwirrt den Betrachter, der sich den homo religiosus devot, auf den Knien vor seinem Gott, in bittender Haltung denkt. Der Schatz von Pietät und Güte, über den Nietzsche verfügte, war gut verborgen. Man muß — Verzeihung für die Naivität dieser Bemerkung — sich von der Vorstellung befreien, daß der Christ frömmer ist als der Nichtchrist. Man muß erkennen, daß Frömmigkeit nicht an irgendeinen Glauben, an irgendeine Offenbarung geknüpft zu sein braucht, daß sie keines Gottes bedarf, um da zu sein. Die Christen sind nicht frömmer als die Heiden oder die Buddhisten; auch sind diese Christus nicht weniger lieb. Daß der Mensch keinen Gott hat, daß die Götter nicht mehr mit ihm umgehen, gehört zu der seelischen und geistigen Situation unserer Zeit. Zu ihr gehört auch, daß viele Menschen sich das Bild oder die Vorstellung eines Gottes machen, der nicht mehr da ist, der abwesend ist; er nahm alles Göttliche mit sich, als er fortging und ließ nur die Mauern seiner Verehrung zurück, den leeren Schrein und Tempel, in dem er ehemals gewohnt hatte. Der von seinen Göttern verlassene Mensch, der die Verlassenheit erkennt, muß sich in dieser Verlassenheit einrichten, eine Aufgabe, die um so schwerer ist, je frömmer dieser Verlassene ist. Seine Frömmigkeit mag eine wartende oder verzichtende sein. Er hat sich seine reine Einsamkeit — eine Einsamkeit, die größer ist als die der thebaischen Einsiedler oder der Styliten — nicht selbst gewählt, sie ist ihm auferlegt, und er muß sie bewältigen. Wenn er fromm ist, wird er nicht wie der eifernde Atheist seinen Göttern den Prozeß machen und an ihnen Rache dafür nehmen, daß sie sich in fernen Intermundien unsichtbar gemacht haben. Nietzsche ertrug diese Einsamkeit nicht ganz. Er rief mit einer zu lauten Stimme in den Raum hinaus, daß der alte Gott gestorben sei, mit einer Stimme, in der ein Lauschen ist, ob nicht aus dem Raume ein Ruf, ein Echo zurückkomme. Dieser Ruf ist nicht neu. Ehemals hatten, an einer verlassenen Küste die Unsichtbaren selbst dem Schiffer verkündet, daß der Große Pan gestorben sei. Für Nietzsche bestand kein Zweifel darüber, daß der moralische Gott, mit dem er aufgewachsen war, tot war, daß er niemals ein lebendiger Gott gewesen war, niemals gelebt hatte. Er war nur eine Maske, eine Larve, die stehen geblieben war. In diese Maske, in diese Larve schlüpfte jetzt ein anderer ein; durch ihre leeren Augen sah ihn nun ein anderer an, der Herr und Meister der Verwandlungen, dem er folgte, auf den er eingeschworen war. Das Christentum wird nun von ihm unter den Maßstab der dionysischen Wirklichkeit gebracht, an ihr wird es abgemessen. Darin steckt der Kern seiner Polemik. Es sind nicht die Akzente der Geringschätzung, der Abwertung, welche dieser Polemik ein Interesse geben; die Frage ist, welchen Gott Nietzsche Christus gegenüberstellt. Die Frage ist zunächst, ob er die aktuelle christliche Situation, in der er selbst polemisch auftrat, nicht überschätzte. Inwiefern ist das Christentum religiös, seelisch, geistig, geschichtlich, politisch noch führend? Auf welche Hilfsquellen stützt sich sein Anspruch, an der Spitze zu stehen? Welche Kräfte vermag es dem Zerstörungsprozeß entgegenzustellen, welchen die Wissenschaft betreibt? Was vermag es dem technischen Fortschritt entgegenzusetzen? Inwiefern erneuert es den Menschen und die menschlichen Gemeinschaften? Ist es nicht auf unheilvolle Weise verquickt und verfilzt mit allen Machtansprüchen, so verquickt und verfilzt, daß es aus der Verstaatlichung, der Vergesellschaftung, der sozialen und politischen Ideologie gar nicht mehr herauszukommen vermag? Wirkt es nicht vornehmlich durch Residua, durch säkularisierte Begriffe? Ist die Grundhaltung fast aller Christen nicht die Indifferenz gegenüber der Person und Lehre Christi? Und rechtfertigt nicht schon dieser Zustand der Vermischung, in dem es vorgefunden wird, den schärfsten Angriff? Muß das Christentum nicht dankbar dafür sein, daß es angegriffen wird? Verhält es sich mit ihm nicht so wie mit dem einzelnen Christen, den Erfahrung darüber belehrt, daß es ihm erst gut geht, wenn es ihm schlecht geht?

Der Affekt, mit dem der Angriff geladen ist, seine unerhörte Gereiztheit machen deutlich, daß Nietzsche ein sehr nahe Beteiligter ist. Ein Mensch, dem das Christentum gleichgültig geworden ist, der es hinter sich gelassen hat, kann sich dieser Sprache, dieses Tones nicht bedienen. Das Christentum kann für ihn kein Problem mehr sein, an dem er seine besten Kräfte verschwendet. Er nährt eine solche Feindschaft nicht mit dem kostbaren Ichor seines Geistes, er steckt in sie nicht seine vornehmsten Kräfte hinein. Wenn der indifferent gewordene Christ durch nichts aus seiner tödlichen Kälte, Lauheit, Apathie und Indifferenz herauszureißen ist, so kennzeichnet ihn, daß er als Christ einfriert. Vielleicht hält er sich innerhalb der Konvention, aber er unterzieht sein eigenes Verhalten, sein Handeln, sein tägliches Leben keiner christlichen Kritik mehr. In der Tat enthält der „Antichrist" noch eine christliche Position, nämlich die Opposition zum Christentum, seine Negation. Jede denkbare Opposition und Negation wird durch die Position bestimmt; diese diktiert die Mittel des Angriffs,

die Direktion des Angriffs. Nietzsche beschreibt den Übermenschen als „Cäsar mit der Seele Christi"; hier sieht man tief in seine Polemik hinein.
Der erste Stoß des „Antichrist" geht gegen die protestantischen Theologen, geht gegen Kant und seine „wahre Welt", geht gegen Luther und Leibnitz. Welchen Wert haben solche Vorstöße gegen ganz ausgeformte, geschichtlich reif gewordene, der Vergangenheit angehörige Symbole und Personen? Ihre Geltung, ihre Gültigkeit für die Gegenwart soll erschüttert werden, soll entwurzelt werden. Ein Kennzeichen dieser Polemik sind ihre Umschläge, ist der rasche taktische Wechsel der Stellungen, welcher der Bewegung des Angriffes dient. Nietzsche spielt seine Gegner gegeneinander aus. Er hebt jemanden, um einen anderen zu verkleinern. So spielt er Descartes gegen Kant aus, rühmt das Machinale am Menschen, hält es gegen den Geist hoch, erklärt den „reinen Geist" für „reine Dummheit". So spielt er in anderen Zusammenhängen gegen Wagner einen Komponisten wie Bizet aus; er hebt Bizet auf ein Niveau, das er nicht hat, um Wagner etwas entgegenzustellen, um ihn zu verkleinern. Das sind Mittel zum Zwecke. Diese Methode ist nicht die stärkste, denn sie muß zu Umschlägen führen, in denen sie sich selbst preisgibt. „Damit Liebe möglich ist, muß Gott Person sein; damit die untersten Instinkte mitreden können, muß Gott jung sein". Die untersten Instinkte? Die Geschlechtlichkeit unterster Instinkt? Ein solcher Umschlag ist, wenn dem Christentum vorgeworfen wird, daß es imaginäre Ursachen und Wirkungen, eine imaginäre Naturwissenschaft und Psychologie, eine „reine Fiktionswelt" setze. Denn das Christentum tut damit nichts anderes als das, was Nietzsche selbst tut, was die Philosophie des Werdens tut, die auf Interpretationen hinausläuft, welche von der Einbildungskraft formuliert werden. Über die Aktualität des „Antichrist" bleibt kein Zweifel; die zweitausend Jahre der christ-

lichen Ära werden von Nietzsche ganz auf die aktuelle historische Situation bezogen. Seine Polemik ist die gewaltsamste Verkürzung, die sich denken läßt; solche Verkürzungen gleichen Explosionen.

Am Gange der Polemik wird deutlich, daß sie im Protestantismus ihren Ausgangspunkt hat. Die Reformation wird reformiert. Wenn Luther durch ein Zurück zu den Texten reformiert, so tut Nietzsche das durch ein Zurück von den Texten zu Christus selbst, zu einem Christus, den er sich erschließt, den er aus der Zurechtmachung, Herrichtung und Verderbnis der Texte sich wiederherstellt. Der Reformation und den Reformatoren ist er nicht günstig gesinnt; er denkt über sie anders als Hegel. Hegel bemerkt: in der lutherischen Kirche „ist nur alles weggeschnitten, was dem Verhältnis der Äußerlichkeit angehört und aus ihm fließt. Nur insofern die katholische Kirche das festhält ist es, daß sie gegen Luthers Lehre ist". Hegel sieht also in Luthers Lehre eine Verinnerlichung. Davon aber will Nietzsche nichts wissen. Doch liegt ein Widerspruch darin, daß er selbst jetzt reformierend auf der Bahn der Innerlichkeit fortgeht. Er beginnt als Philologe und geht über alle Textkritik hinaus. Von Textgeschichte, von Textkritik, von einem synoptischen Verfahren der Textuntersuchung hatte Luther so wenig eine Vorstellung wie Calvin oder Zwingli. Von Markus A, Markus B, Markus C, von den scharfsinnigen philologischen Methoden, welche der Zersetzung der Texte dienen, wußten sie nichts. Davon wußte ja auch Erasmus nichts, nach dessen Editio princeps des griechischen Neuen Testaments mit lateinischer Übersetzung Luther übersetzte. Man hielt sich an den Unterschied von kanonischen und deuterokanonischen (apokryphischen) Büchern, an die Homologumena und Antilegomena des Eusebios, an Hieronymus und Augustinus, der die Apokryphen dem Alten Testament wieder einverleibte. Die Reformation hielt sich an den Kanon des

Hieronymus. Der Kanon war inspiriert, die kanonische Autorität einer Schrift wurde durch das Zeugnis des Heiligen Geistes begründet; das zog dem Spielraum der dogmatischen, kritischen, historischen Zweifel eine enge Grenze. Was als Mangel an kritischem Eifer erscheint, ist aber auf der anderen Seite eine Folge der Naturenlehre, an der die Reformation festhielt. Wenn es ihr nicht in den Sinn kommt, die Geschichtlichkeit Christi zu leugnen, so ist sie ebenso weit entfernt davon, einen bloß geschichtlichen Christus anzunehmen. Es ist purer Monophysitismus, Christus von der Geschichte her, durch eine historische Methodenlehre erschließen zu wollen, mag diese aussehen, wie sie wolle, und mit den feinsten Feilen und Drähten arbeiten. In den Voraussetzungen dieses Verfahrens liegt nicht nur, daß die Göttlichkeit Christi übersehen wird, daß er als Gott abhanden kommt, in seinen Folgen zeigt sich auch, daß seine Geschichtlichkeit sich verliert, daß er geschichtlich fragwürdig wird. Daß der evangelische Christus nicht gelebt hat, daß er gar nicht gelebt haben kann, daß er als geschichtliche Erscheinung nicht gedacht werden kann — mögen sich an ihn oder auch an sein Bild die größten geschichtlichen Ereignisse, Wandlungen und Wirkungen knüpfen — das ist die Folgerung, die aus einer historischen Methodik unweigerlich, unentrinnbar erwächst. Der geschichtliche Christus ist Fabel, sein Leben ist Fabel. Der Verfasser des Ur-Markus hat diese Gestalt aus den Träumen und Wunschbildern seines Kopfes erfunden. Er hat ihn aus dem hellenistischen Denken, aus der vierten Ekloge des Vergil, aus Seneca, aus manchem anderen zusammengebraut. So — oder in Entsprechungen abweichend — lauten die Schlüsse des Historikers. Sie scheinen alles in Frage zu stellen, alles aufzulösen. Und doch gleiten sie ab, doch ist ihre Radikalität eine nur scheinbare. Denn sie übersehen vollkommen die Geschichtlichkeit des Imaginären, das Imaginäre aller Geschichtlichkeit.

Wer darin Einsicht hat, der denkt über historische Methoden bescheidener. Wer das Amt, die Aufgaben, die Bestimmung von Glauben und Einbildungskraft begreift, der kommt vielleicht dazu, dieses ganze Rüstzeug historischer Analysen beiseite zu legen. Denn wenn das Imaginäre geschichtsbestimmend ist, wenn der Fluß und Zusammenfluß der Einbildungskraft geschichtsbildend ist, wie das Exempel lehrt — wie ist denn eine Schöpfung zu denken? — dann prallt die Rationalität, die Verstandesmäßigkeit der Analysen an aller Geschichte ab. Der Nachweis ihrer Unerheblichkeit liegt dann darin, daß sie sich auf alles anwenden lassen, daß sie ahistorisch sind, daß sie geschichtszerstörend, geschichtsaufhebend sind, daß sie keine genuinen Werkzeuge darstellen, um die Dimension der Geschichtlichkeit zu erschließen.

Nietzsche hat sich offensichtlich mit Textgeschichte, Textkritik und synoptischen Verfahren der Textuntersuchung kaum befaßt, wie er denn auch kein Kenner der Texte, der Patristik, Scholastik und Kirchengeschichte, überhaupt kein gelehrter Theologe ist. Der Ansatzpunkt seiner Polemik ist nicht der Zweifel an der Geschichtlichkeit Christi; an dieser zweifelt er nicht. Er geht von der Verderbnis der Texte aus, und diese Verderbnis wirft er zunächst den Evangelisten vor. Christus verbirgt sich in diesen Texten, muß aus ihrer Verstrickung erst wieder befreit werden. Wer ist dieser Christus? Nichts anderes als der reine Tor, der in sich selige Narr, mit anderen Worten ein dionysischer Christus. Er ist der Christus der frohen Botschaft, des Himmelreiches, das den Kindern gehört, der evangelischen Lebenspraxis. Er ist ein Christus, für den es keine Dogmen, Formeln, Riten, Gebete, keine Kirche und keine Theologen gibt. Dieser Christus verkündet weder einen persönlichen Gott, noch ein Himmelreich, das kommt, noch eine Trinitätslehre. Sein Himmelreich ist ein Himmelreich des Herzens, das immer da ist, das in ihm und durch ihn immer

vorhanden ist. Er klagt nicht an und verteidigt sich nicht. Er zeigt durch sein Verhalten am Kreuz, daß er stirbt, wie er gelebt hat. Er liebt die, die ihm Böses tun, liebt die Bösen. Man darf sagen, daß dieser Christus, wenn er wirklich gelebt wird, wenn sein Leben nachgeahmt wird, den Christen verehrungswürdig macht. Gibt es solche Christen? Ohne Zweifel, es gibt sie, es hat sie immer gegeben. Das Christentum ist für Nietzsche ganz und gar eine Lebenspraxis, eine Praxis, die bei den nächsten und kleinsten Dingen beginnt, eine Praxis in allem und jeden, eine mit Herzensheiterkeit, Herzensseligkeit und Herzensgüte geübte Praxis des für sich Lebens und des Zusammenlebens.
Der Christ ist aber nicht Christus, das Christentum ist nicht Christus. Die Kirche ist jene Form, in welcher der Gang des Menschen durch die Geschichte sichtbar wird, welche durch die Geschichte hindurchgeht. In ihr wird das Sichanpassen, die Anpassung an geschichtliche Formen weithin sichtbar; ihre Macht beruht vornehmlich auf Akkomodationen. Nietzsche wiederholt den Vorwurf, den Luther gegen die Papstkirche erhob; er wirft den Kirchen vor, daß sie aus dem Gegensatz zum Leben Christi aufgebaut worden seien. Die Kirchen lehren den „Gegensatz" der Lehre Christi. Innerhalb der Kirche kann man nach der Meinung Nietzsches nicht Christ sein. Aber „das echte, das ursprüngliche Christentum wird zu allen Zeiten möglich sein". — „Heute noch ist ein solches Leben möglich, für gewisse Menschen sogar nothwendig". — „Nicht ein Glauben, sondern ein Thun, ein Vieles-nicht-thun vor allem, ein anderes Sein."
Aber der tiefste Ansatz der Polemik liegt nicht auf diesem Gebiete, liegt nicht in der Frage über den Wert einer institutionell geordneten Frömmigkeit oder der freien Nachahmung Christi; er liegt in dem Kampf gegen den moralischen Gott. Nicht immer sondert Nietzsche den Bereich von Religion und

Moral so scharf, wie er es in einer Aufzeichnung des Nachlasses tut: „Was aus Liebe getan wird, das ist nicht moralisch. sondern religiös". Aber diese Unterscheidung bestimmt die Polemik. Nicht die Liebenden, sondern die Moralisten werden angegriffen, nicht das Christentum als Religion der Liebe, sondern als Moral. Der Kampf gegen die Moralisierung der Gottesvorstellung, gegen die Ethisierung des Religiösen, gegen das Hineintragen einer moralischen Begrifflichkeit in das Göttliche geht durch Nietzsches ganzes Denken. Auch auf religiösem Gebiete setzt sich der willensbejahende Immoralismus von der willensverneinenden Moral ab. Der Kampf gegen die Moral und den moralischen Wahrheitsbegriff ist von hier aus einzusehen. Nietzsche räumt mit der Moralisierung des Gottesbegriffes auf, trennt den gesamten moralischen Bereich vom Göttlichen, widerlegt den moralischen Gott durch seine Beweisführung. Diesem ganzen Unternehmen liegt die Vergöttlichung des Menschen zugrunde. Nicht, daß er keinen Gott glaubt, nicht, daß man einen Gott glaubt, sondern daß „dieser" Gott geglaubt wird, scheidet Nietzsche vom Christentum. Sein Immoralismus ist der Weg, der ins Amoralische, in die außerhalb der Moral, in die jenseits von Gut und Böse liegenden Gefilde des Lebens, in die Unschuld des Werdens hineinführt. Der Gang, die Methodik, der Kreislauf der Kritik machen deutlich, inwiefern das psychologische Verfahren Mittel zum Zweck ist. Wäre Nietzsche nur Psychologe, dann wäre die Untersuchung dieses Verfahrens hinreichend; sie würde genügen, um die Befunde zu prüfen. Trifft seine Kritik daneben. ist sie unberechtigt und von vornherein als falsch abzulehnen? Keinesfalls, selbst dann nicht, wenn sie widerspruchsvoller. reicher an Irrtümern und Täuschungen wäre. Nietzsche ist im Kern nicht Psychologe, sondern homo religiosus; darin liegt seine Befähigung zu einer solchen Kritik, sein Amt zu ihr. Er ist trotz des psychologischen Verfahrens derjenige, der am

meisten sieht, ist der stärkste Seher. Er hat die Augen des Sehers, die Zunge des Propheten, die vorausschmeckt. Als Denker hält er die Schlüsselstellung seiner Zeit inne; zugleich aber hat er echten „Wahrsagevogel-Geist" in sich.
Woher kommt ihm das Vermögen zu seinen Wertungen? Er bricht von Seiten des Dionysischen her in das Christentum ein, in seinen starr gewordenen Bau, in seine starre Architektonik. Seine Werdenslehre gipfelt in der Lehre von der ewigen Wiederkehr. Die Gegenüberstellung von Dionysos und Christus ist sein letztes Wort, und sein Ariadne-Problem, die „Zwiegespräche auf Naxos" hängen damit zusammen. Von Seiten des Dionysischen her brach Nietzsche in das Christentum ein. „Der Cultus des Narren ist immer auch der Cultus des An-Leben-Reichen, des Mächtigen" heißt es im „Willen zur Macht". Das trifft ins Schwarze. Das christliche Mittelalter hatte diese Seite der Religiosität nicht außer acht gelassen. Im Protestantismus wird sie vernichtet, im Katholizismus bis zur Unkenntlichkeit zurückgebildet. Der Kultus des Narren verschwindet. Die Heiligung der Erde, des Irdischen, die Lebensfestlichkeit verschwindet. Die Festlichkeit der Frömmigkeit endet. Die dem Leben immanente Festlichkeit zieht sich auf transzendente Weise aus ihm heraus. Die willensverneinende Moral führt zu einem Prozesse der Austrocknung. Dieser Mangel an Festlichkeit erschreckte Hölderlin; er nahm ihn als Mangel an Frömmigkeit, er sah das Unfromme, Unfrohe, Unlebendige des Christen. Er ging in seinen Hymnen auf die Suche nach dem Horte aller Festlichkeit, nach ihrem Schirmherrn und Hüter. So wendet sich der musische Mensch von dem Religiösen ab, das in moralischer Begrifflichkeit erstarrt. Mit dem moralischen Gott hat er nichts mehr zu schaffen.
Hält man den „Antichrist" gegen frühere Äußerungen, dann wird der Gang der Polemik noch deutlicher. Der Maßstab, an dem alles abgemessen wird, bleibt der antike Mensch. Andere

Religionen wie der Brahmanismus und der Buddhismus werden nur beigezogen, nur mitverwendet, um die Polemik zu unterstützen. Nietzsche weiß zu wenig von ihnen. Das Material, das er hier verwendet, ist die Frucht seiner Lektüre, die er in die Polemik einschiebt. So verwendet er Ergebnisse der Sanskritforschung seiner Zeit, die ihm durch seinen an Kant und Schopenhauer geschulten Freund Deußen nahegebracht wurden. Er ist von allem Anfang darauf bedacht, Parallelen zu ziehen. In den Aufzeichnungen des Nachlasses nimmt er das Johannisevangelium zunächst als eine „dritte Stufe" der griechischen Heiterkeit, als „Triumph der Mysterienseligkeit, der Heiligung". Das Johannisevangelium scheint ihm „aus griechischer Atmosphäre, aus dem Boden des Dionysischen geboren". So fern der „Antichrist" solchen Vermutungen zu scheinen liegt, so gewiß sind sie der Ausgang der Polemik. Nietzsches Haltung gegenüber dem Johannisevangelium ist die gleiche, die er zunächst gegenüber der Philosophie Schopenhauers, gegenüber der Musik Wagners einnimmt. Er sucht noch, er muß erst finden.

Wie ist die wachsende Feindschaft, das wachsende Pathos der Polemik zu verstehen? Ein Beleg dafür, daß der christliche Bereich leblos geworden ist, wäre die Gleichgültigkeit gegenüber ihm, die Indifferenz gegenüber christlichen Werturteilen. Aus der Bemerkung Nietzsches, daß er am Christentum fast zugrunde gegangen wäre, läßt sich zweierlei schließen: diese Gefahr wurde von ihm überwunden, und er vollzieht die Rache an dem, was ihm tödlich zugesetzt hat. Rachsüchtig wie Paulus, den er den Pascal der Juden nennt, wendet er sich nun gegen den Feind, dem er fast erlegen ist. Aber dieser Schluß hat wenig Wahrscheinlichkeit; seine Prämissen stimmen nicht. Nietzsche wächst nicht aus dem Konflikt heraus, er wächst in den Konflikt hinein. In seiner Jugend gibt es keinen Bruch. Das Kind des protestantischen Pfarrers, geboren und erzogen in einer christlichen Familie, voll Liebe und Ehrfurcht gegen die Eltern, fromm, behütet und still, wird nach dem frühen Tode des Vaters von Frauen erzogen, erhält eine Erziehung von weiblicher Feinheit, Zartheit und Zärtlichkeit. Gefährlich an einer solchen Erziehung ist nicht der Mangel, sondern das Übermaß an steter Fürsorge, an Takt und Delikatesse. Ein Kind, das so erzogen wird, durchbricht schwer die Schranken der Pietät, die sich sehr liebevoll um seine Selbständigkeit legen, die es aber durchbrechen muß, um zur Selbständigkeit zu gelangen. Konflikte mit den Eltern, mit der Familie, wie sie andere Kinder kennen, hat Nietzsche nicht gehabt. Es gibt keinen Bruch in seinem Wachstum, nicht einmal Schwierigkeiten, weder in der Familie, noch im Internat, noch auf der Universität, die er in sehr jugendlichem Alter verläßt, um die Professur in Basel zu übernehmen. Wird seine Polemik gegen das Christentum in dem Maße schärfer, in dem dieses mächtiger, tiefer und lebendiger in der Gegenwart um sich greift? Keineswegs, denn die Feindschaft wächst in einer Zeit, in welcher der Deismus des achtzehnten Jahrhunderts in einen Atheismus umschlägt, der unter den Gebildeten zur Indifferenz führt, den Massen gegenüber aber durch Eiferer vertreten wird. In den Aufzeichnungen des Nachlasses sagt Nietzsche, daß sein Vertrauen in die Religion „grenzenlos gering" ist; er sieht in ihr „ein abflutendes Gewässer nach einer ungeheuren Überschwemmung", sieht bei den Christen eine Religion der „menschlichen Faulheit und Bequemlichkeit". Da scheint ihm die „ziemliche Enthaltung am Platze". Er ehrt durch sie eine absterbende Religion. Warum aber gibt er dieses Verhalten auf, das respektvolle Schweigen nämlich, das man in der Gegenwart von Sterbenden beobachtet? Woraus nährt sich seine wachsende Gereiztheit? Diese Gereiztheit wächst nicht nur gegenüber dem Christentum, sondern tritt in seiner gesamten Polemik hervor. Gereiztheit ist ein Verhal-

ten, das ohne Ungeduld nicht denkbar ist; diese scharfe Ungeduld ist es, die den Stil Nietzsches in den letzten Jahren immer mehr kennzeichnet. Er hat keine Zeit mehr zu verlieren. Er gibt das Sachwissen daran, er verläßt das Terrain wissenschaftlicher Erkenntnisse, auf dem nichts mehr auszumachen ist. Wissenschaften sind für ihn nur noch Schleichwege um die Entscheidungen herum; auf Wissenschaft kommt es jetzt nicht mehr an. Der Konflikt, in den er tiefer und tiefer eindringt, ist ein mythischer; er empfindet, daß alle wissenschaftliche Terminologie unzureichend wird, ja daß die Sprache kaum noch auszudrücken vermag, was ihn mit furchtbarer Dringlichkeit bewegt. Man sieht im „Ecce Homo", wie ihm alles Notwendigkeit wird, wie er sich selbst als Schicksal nimmt, in dem gleichen Augenblick, in dem ihn das Schicksal erjagt, in dem er Beute seines Schicksals wird. Das ist die Situation, die sich in dem Dithyrambus „Zwischen Raubvögeln" ausspricht: Wer hier hinab will,
wie schnell
schluckt den die Tiefe!

Diesem Abgrunde geht es nun reißend geschwind entgegen. Es ist die letzte Fahrt, nicht mehr die Fahrt des Denkers, sondern des „Prinzen Übermut", der den Konflikt gelöst hat und „nur Narr, nur Dichter" geworden ist. Diese letzte Fahrt ist lange und gründlich vorbereitet worden, denn alle Krücken und Brücken, die sie hemmten, sind abgebrochen worden. Zu dieser Fahrt hatte sich der Denker lange geschult, hatte der Dichter seine letzten Dithyramben angestimmt. Wie soll man den Nominalismus Nietzsches verstehen? Seine nominalistischen Forderungen werden immer heftiger, immer wütender. Sein ganzer Psychologismus ist nominalistisch. Dort, wo er von der Erkenntnis auf die Biologie rekurriert, ist er Nominalist. Die allgemeinen Begriffe, die Universalien sind für ihn in der Tat nur nomina rerum, nur flatus vocis; nur der

Einzelne und das Einzelne existieren wirklich. Die Universalien sind für ihn in striktem Sinne post rem, das heißt, er sucht die ganze Begrifflichkeit als einen Überbau, als nachträgliche Konstruktion, als Maskerade zu enthüllen. Er zersetzt alle Begrifflichkeit vom „Leben" her, von der „Natur" her, vom „Willen" her, denn Leben und Natur fassen sich bei ihm als Wille. Darin folgt er, wie es scheint, der Wissenschaft, den herrschenden Denkweisen. Aber er zerbricht sie auch noch, er zerbricht alle positivistischen Strukturen, indem er sie ins Extrem führt. Hebt er somit die Scheidewände des Denkens auf, so gleicht er einem Manne, der alle Staue, Wehre und Schleusen der Gewässer aufzieht und sich der Strömung anvertraut, die ins Element, ins Meer zurückführt.
Hierher gehört, was Nietzsche über den Asketen vorbringt. Askese ist keine spezifisch christliche, wohl aber eine spezifisch religiöse Lebenshaltung, eine Lebenshaltung, die zu einem bestimmten Typus Mensch unabdingbar und unablöslich gehört. Die Macht, die Mächtigkeit des Asketen liegt nicht, wie Nietzsche annimmt, in einer psychologischen Überlegenheit. Er hat eine andere, eine existentielle Mächtigkeit, die sich unmittelbar durchsetzt, denn ein solcher Mensch ist mächtig schon dadurch, daß er sich ganz in der Macht hat. Die Askese ist nicht, wie Nietzsche annimmt, gleichbedeutend mit Lebensfeindschaft; sie steht vielmehr in einer Beziehung zur echten Fruchtbarkeit. Nietzsche ahnte das, als er schrieb: „es muß wohl ein Interesse des Lebens selbst sein, daß ein solcher Typus des Selbstwiderspruchs nicht ausstirbt", aber er zog keine Schlüsse daraus, er sah nur den Blick, der sich „grün und hämisch gegen das physiologische Gedeihen selbst" richtete. Er sah nie einen Asketen, sonst hätte er feststellen können, daß dieser physiologisch durchaus gedeihen kann. Für ihn sind die Asketen jene ältesten Philosophen, die sich einen Hintergrund geben, auf den hin man sie fürchten lernte. Sie taten das mit

grausamen Mitteln, durch Selbstkasteiung. „Das war die älteste Philosophen-Attitüde". Wozu aber bedarf der überlegene Mensch der Attitüde? Genügt es nicht, daß er überlegen ist, um Furcht einzuflößen? Und können bloße Attitüden Jahrtausende vorhalten? Mit solchen psychologischen Mitteln glaubt Nietzsche dem Asketen auf den Leib rücken zu können. Er bringt ihn sich aber dadurch nicht einmal zu Gesicht. Er setzt voraus, daß der Asket sich gegen seine Polemik nicht recht verteidigt, nicht zulänglich. Aber der echte Asket, der wahre Waldsohn, Zellen-, Höhlen- und Schreinbewohner wird sich überhaupt nicht verteidigen, so wenig er anklagt — er schweigt.

Wie kommt ein Mensch zu dem Entschlusse, Asket zu werden? Nicht durch eine Kette psychologischer Motive, sondern durch einen Akt der Verwandlung, der ihn plötzlich aus dem Hause hinaustreibt. Man lese das selbst im Detail an seinem Orte nach, um einen Begriff davon zu bekommen, was Verwandlung ist, und was sie ganz und gar nicht ist: psychologische Entwicklung samt den dazugehörigen Motiven. Nietzsche hatte den Begriff der Verwandlung hier nicht, und das ist seltsam, denn er, gerade er mußte ihn haben. An seinem Denken läßt sich genau ablesen, wo er ihm fehlt; wo immer aber er fehlt, dort dringt dieses Denken nicht durch und bleibt im Polemischen, Psychologischen, Moralischen stecken. Nietzsche glaubt nachweisen zu können, daß das asketische Ideal „dem Schutz- und Heilinstinkt eines degenerierenden Lebens" entspringt. Dazu ist zunächst zu sagen, daß leibliche Wohlgeratenheit die beste Vorbedingung eines asketischen Lebens ist. Er ist nicht sicher, deshalb kommt es zu Umschlägen in der Polemik, deshalb erklärt er mit einem Sprunge, daß der asketische Priester „zu den ganz großen konservierenden und Ja-schaffenden Gewalten des Lebens" gehört. Er sieht ihn als Arzt, als Führer der Leidenden. Er sieht den Heiligen als Sports-

mann, im Training. Offenbar ist es mehr der Fakir, den er beschreibt, als der Asket. Wenn der Asket die Quellen des Lebens in sich verschließt und versiegelt — was keineswegs Feindschaft gegen das Leben voraussetzt — wenn er allem, was vegetabilisch und animalisch nicht nur wächst, sondern auch wuchert und schmarotzt, sich epiphytisch und parasitisch anhäuft, maßlos, grenzenlos, formlos wird, sich widersetzt, so kann man darin „den Schutz- und Heilinstinkt eines degenerierenden Lebens" finden, freilich einen anderen als den des Mitleidens, insofern sich hier der Mensch gegen einen eigenen Hang zu chaotischer Fruchtbarkeit, zu wahllosem Gedeihen mit strengen Mitteln zur Wehr setzt, also gegen die Massenbildung jeder Art vorgeht. Indessen entspringt der Asket keinem „Schutz- und Heilinstinkt", denn aus Instinkten entspringt überhaupt nichts. Es ist psychologisch gedacht, wenn ich aus etwas Lebendigem zunächst Instinkte herausanalysiere, sondere und bezeichne, dann aber diese Instinkte wieder als Erklärungen für das Lebendige nehme, als Mittel, um ihm auf die Schliche zu kommen. Der Mechanismus solcher Verdächtigungen hat, wenn man ihn einmal durchschaut hat, nichts Anlockendes mehr.
Nietzsche faßt die „machinale Tätigkeit" als ein Mittel gegen Depressionszustände, das der Priester vor anderen zu handhaben weiß. In der Tat leidet der Mensch, der sich so beschäftigt, weniger, muß aber in Kauf nehmen, daß er selbst maschinell wird. Die „machinale Tätigkeit" ist der Ausdruck des Willens zur Macht, wie er in der Ära der Technik hervortritt. Das Maschinelle des Willens tritt in ihr mächtig, auf fürchterliche und zwingende Weise hervor, denn alle pure Willensmäßigkeit geht auf die Mechanik zurück, wie denn diese ein Abbild des Willens genannt werden kann. Neu an dieser Willensmäßigkeit ist, daß sie zu einem Dynamismus übergeht,

der vollkommen automatisch wird. Was heißt es gegenüber diesem Vorgange, der universell ist, wenn Nietzsche dem Asketen eine „machinale Tätigkeit" zuschreibt? Ganz andere Zusammenhänge kommen hier ins Blickfeld. Daß der asketische Mensch gefehlt hat, steht im Zusammenhange mit dem Anschwellen der Bevölkerungen, die, den Spielraum nutzend, den die Anfänge der automatischen Technik boten, die Erde überschwemmten. Der Asket steht in einer Beziehung zur echten Fruchtbarkeit, nicht aber zu einer Vermehrung, die prolifik wird. Was die „Herdenbildung" anlangt, so ist die technische Organisation darin allen Kirchen und Priestern überlegen.

Aus Nietzsches Nachlaß wird deutlich, daß er sich immer wieder mit dem Asketen beschäftigt hat. Ja, er unternimmt den Versuch, zu einer eigenen Asketik zu kommen, Richtlinien für sie vorzuschreiben. Er selbst hat asketische Instinkte im Leibe; an seinem Zarathustra treten sie deutlich und zugleich widerspruchsvoll hervor. Er schwankt, ob er alles Asketische von vornherein ablehnen oder in seine Lehre einbauen soll. Der Platz, den er dem Asketen einräumt, bleibt unsicher. In der Tat hat er in einer Lehre, die den Willen, das Werden uneingeschränkt bejaht, keine Berechtigung. Er hat seinen festen Platz in der Lehre von der Rang- und Wertordnung; im Zusammenhang mit dieser erscheint er daher auch bei Nietzsche. Hier kommt es zu Ordensbildungen, hier zu Monasterien der Willensbildung, und wo diese auftauchen, ist der Asket nicht fern. In die dionysische Wiederkunftslehre ist er nicht einzuordnen. Dionysos bedarf keiner Asketen; sie sind in seinem Gefolge nicht anzutreffen. Von Seiten des Menschen her ist das Dionysische nur als Überfluß und Überschuß zu fassen, als ungeheurer Überfluß an Kraft, der keine rationale Verwendung, keine Ökonomie mehr zuläßt. Der Mensch spart nicht mit solchen Geschenken; er wird zum Verschwender, wird vollkommen furchtlos, wenn der Gott in ihn einbricht. Das Werden hat hier seinen Gipfel im Werdensüberflusse, der keiner Asketik bedarf.

DIE EWIGE WIEDERKEHR

Es macht einen Unterschied, ob ich linear denke oder zyklisch, ob ich in meinem Denken von einem linearen Raum- und Zeitbegriff ausgehe oder von einem zyklischen. Der Gedanke eines unendlichen Fortschrittes, dem Nietzsche begegnete, dieser Gedanke, der die Wissenschaft des neunzehnten Jahrhunderts und die Massen bewegte, ist linear gedacht und geht linienhaft durch Raum und Zeit hindurch. Er ist zugleich schematisch und doktrinär. Die Menschheit kommt nicht ans Ziel, aber sie kommt doch voran. Die Wahrheit ist etwas, das man durch Approximationen erreicht, und dieser Vorgang der Annäherung, der auf ein Unbekanntes, auf ein großes X zusteuert, ist ein unendlicher. In dieser Zuversicht, die sich immer auf dem Marsch weiß, die um einer unbekannten Zukunft willen die Gegenwart aushöhlt und das Vergangene entwertet, liegt etwas Phantastisches. Wer sagt mir denn — und schon die Gestalt der Erde lädt dazu ein — daß ich nicht auf einer Kugel marschiere? Und wer widerlegt mir, daß ich bei einer solchen Bewegung nicht in einen Abgrund, in ein dunkles Loch falle? Wenn diese unendlich fortschreitende Bewegung Wirklichkeit besitzt, woran und worauf vollzieht sie sich dann? Auf einer starren, unbeweglichen Grundlage, auf einem toten Hypokeimenon? Warum ist das Ziel, das dem Denken vorschwebt, nicht längst erreicht? Es müßte ja erreicht sein. Sollte diese zeitliche Unendlichkeit, die zugleich dynamisch keiner Begrenzung unterworfen ist, nicht eine falsche Unendlichkeit sein? Und wie kann man sich mit ihr begnügen, wie kann man sich bei dieser Bewegung beruhigen, in deren Unendlichkeit doch eingeschlossen ist, daß das jeweils Erreichte unendlich klein, winzig, nichtssagend ist. Warum sollte ich diese hypothetische Bewegung nicht streichen und an ihre Stelle eine andere setzen, die mir die ganz nutzlose Last dieses unendlichen Fortschreitens, diesen Packträgergang der Erkenntnis abnimmt? Diese Erkenntnis ist vielleicht nichts anderes als Hybris, ist die Hybris des wissenschaftlichen Menschen, der von den Musen verlassen ist. Denn der musische Mensch bewegt sich nicht so; er bewegt sich in den Figuren des Tanzes, bewegt sich wie alle Tänzer in der zyklisch geordneten Zeit. Der Verstand freilich in seiner subtilen, scharfsinnigen Arbeit ist kein Tänzer, er sucht an dem linearen Raum- und Zeitbegriff festzuhalten. Aber die facultas imaginandi widersetzt sich dem.

Die Lehre von der ewigen Wiederkehr ist nicht, wie oft behauptet worden ist, etwas Absurdes, aus dem Zusammenhange des Nietzscheschen Denkens Herausfallendes, das wie ein steinerner Findling liegen geblieben ist, sondern der notwendige Abschluß dieses Denkens. Daß diese Lehre für den, der sie durchdenkt, schwer erträglich ist, hat Nietzsche selbst empfunden; daraus lassen sich keine Einwendungen gegen sie herleiten. Denn das Einschneidende, Verletzende läßt sich dem Gedanken nicht nehmen; das Kennzeichen des Gedankens ist, daß er Schmerz zufügt. Prüft man die Einwände, so zeigt sich bald, daß sie der Sache nicht auf den Grund gehen. Die Wiederkunftslehre ist unheimlich und hat eine unheimliche Tiefe; die Reaktion gegen sie erfolgt spontan. Wer sie ablehnt, der pflegt sich nicht Rechenschaft über seine Ablehnung zu geben, er schiebt sie wie etwas Unbehagliches zur Seite, macht sich lustig über sie und erklärt sie von vornherein für eine Absurdität. Insbesondere gilt das für diejenigen, die durch die Schule des Judentums, des Christentums oder des Islam gegangen sind. Denn es leuchtet ein, daß die Lehre von der ewigen Wiederkehr mit den Offenbarungsreligionen unverträglich ist, daß sie insbesondere mit dem Glauben an einen Weltschöpfer und eine Weltschöpfung, mit dem Glauben an einen Endzweck und ein Endziel dieser Schöpfung und des mit ihr erschaffenen Menschen schwer vereinbar ist. Wenn die Transzendierung des Seins dieser Lehre nicht fremd zu sein braucht, so prägt sich doch mehr die Immanenz des Werdens in ihr aus.

Die Wiederkunftslehre ist alt, uralt; sie kehrt selbst immer wieder. In ihr resümieren sich sehr mächtige Erfahrungen und Auslegungen, aber der Ansatz, der zu einer solchen Lehre führt, ist nicht immer der gleiche. Fremd ist sie wohl keinem Menschen, der nicht ganz stumpf ist; die alltäglichste Erfahrung schon leitet auf sie hin. Denn in unserem Leben kehrt vieles wieder, und es fehlt nicht an Wiederholungen. Ihre Gesetzlichkeit kann niemandem entgehen. Das Gesetz selbst setzt ein Wiederkehrendes voraus, eine Wiederholung des schon Dagewesenen. Eine Gesetzmäßigkeit wäre nicht denkbar, wenn nichts sich wiederholte; der Beweis stützt sich auf die Wiederholung. Wer sich auf empirische Zusammenhänge verläßt, der bewegt sich schon in einem Turnus der Wiederkehr, der Bauer so gut wie der Handwerker, der Arbeiter oder Wissenschaftler, wie jeder überhaupt, der einen Beruf ausübt oder Gewohnheiten folgt. Erfahrung, Erinnerung ist ohne Wiederkehr nicht denkbar. Hier gibt es eine Klimax von Wahrnehmungen, die das Leben begleiten. Pflanzen, Tiere, Menschen kehren von Generation zu Generation wieder, die Bewegungen der Sterne, der Jahreszeiten, des Meeres wiederholen sich. Jede Periodizität, jeder Rhythmus, jedes Metrum setzt eine Wiederkehr voraus. Die Erfahrung davon folgt dem Menschen auf Schritt und Tritt, und er braucht sie nur zu sammeln, nur zusammenzufassen und Schlüsse aus ihr zu ziehen. Die Empfindung, die Überzeugung gehen den gleichen Gang. Das déjà vu, die fausse reconnaissance, die traumhafte Erschütterung, daß eine Situation schon da war, daß sie schon durchgemacht, bewältigt, erlebt wurde, beunruhigen uns oft auf wunderbare Weise. Dort, wo die Wiederkunftslehren herrschen, sind solche Empfindungen und Überzeugungen tiefer, klarer und genauer, als wir uns überhaupt vorstellen können; sie beherrschen mit Macht das Leben und Denken, sie formen den Menschen. Überdenkt man die Form, die Nietzsche seiner Wiederkunftslehre gegeben hat, so drängt sich zunächst die folgende Erwägung auf: die Willenslehre, die Werdenslehre stößt bei ihm in Bereiche vor, wo sie eines Haltes, einer Stütze, eines Schlußpunktes bedarf, wo das uferlos in die Ewigkeit fortströmende Werden aufgefangen, gegliedert, in eine höchste Gesetzmäßigkeit eingefangen werden muß. Das Werden gleicht einem ewig rauschenden Gießbach, gleicht einem Sturze in die Ewigkeit, bei dem sich gar nicht ausmachen läßt, wie der Mensch fällt und wohin er fällt, nach oben oder unten, auf den Kopf oder auf die Füße. Wer wollte inmitten des Werdens eine Richtung, eine Direktion feststellen. Entzieht es sich nicht aller Meßbarkeit? Wer will hier denn etwas messen? Womit will er messen? Nietzsche sah sich an einem bestimmten Punkte seines Denkens genötigt, gezwungen, wenn er die Konsequenzen seiner Willenslehre aufrechterhalten wollte, die ewige Wiederkehr anzunehmen. Die Umwertung aller Werte, die durch die Bejahung des Willens zur Macht erreicht wird, führt strikt auf die ewige Wiederkehr zu. Bejahe ich ohne Klauseln, Einschränkungen und Abzüge den Willen, wird er zum allein wirksamen Weltprozeß, dann ist die Lehre von der ewigen Wiederkehr die höchste Form der Bejahung, welche ich dem Werden geben kann. Diese Lehre stand Nietzsche nicht mehr frei: der Progressus seines Denkens führte unweigerlich auf sie zu. Deshalb überfällt sie ihn auch und ist plötzlich, mit vehementer Kraft da. Das Glücksgefühl, das ihn ergriff, als er sie konzipierte, hängt damit zusammen, daß von hier aus, mit dem Gewinn dieser Einsicht sein ganzes Denken bestätigt, gerechtfertigt, begnadet und beseligt wurde. Es war, als ob in der Mutterlauge der Kristall zusammenschieße. Mit diesem tiefen, euphorischen Glücksgefühl beginnt zugleich die Selbstaufhebung des Denkers, die Selbstvernichtung des Denkens. Der Krater, der den Empedokles verschlang, öffnete sich wieder. Unaufhaltsam eilt er nun dem Zustande entgegen, den wir — in Ermangelung aller Kenntnisse und Maßstäbe — Umnachtung nennen. Den Lebenden ist nun die Nachtseite seines Geistes, sein Wahnsinn zugekehrt. Was sich hier vollzogen hat, wissen wir nicht, gewiß aber ein Schicksal, das Distanz gebietet. Es geht nicht an, seine Entrückung und Umnachtung auf äußerliche Einwirkungen, auf Einnahme einer Arznei, auf Überarbeitung und anderes zurückzuführen. Das sind Tölpeleien. Auch ist es einfältig anzunehmen, daß man ihn „durch Musik und heitere, geistreiche Unterhaltung" aus seinem „Arbeitsfieber" hätte herausreißen können. Nietzsche war nicht zu retten, durch niemanden. Er brauchte auch nicht gerettet zu werden. Ein solcher Rettungsversuch wäre ganz überflüssig gewesen. Sein „Fall" lag nicht innerhalb der Zuständigkeit eines Psychiaters, auch nicht in den Händen hilfreicher Freunde oder Frauen, die ihm hätten beispringen können. Sein Ende war notwendig, war das Ergebnis seines Denkens, des tiefsten und intensivsten Lebensprozesses, der ihn beschäftigte. Ein solcher Mensch ist vor dem Zufalle, das heißt vor Relationen, die mit seiner Bestimmung im Widerspruche stehen, viel geschützter, als man gemeinhin annimmt. Wer seine Schriften zu lesen versteht, dem bleiben die Spuren nicht verborgen, die dem Ende vorangehen und darauf hinweisen. Er ist ein Unterstrom in seinem Denken, der stärker und stärker wird und auf das Ende hinweist. Die Konzeption der Wiederkunftslehre ist nicht nur, wie Nietzsche annimmt, ein „Wendepunkt der

Geschichte"; sie ist auch für ihn ein Wendepunkt. Er geht davon aus, daß seine Konzeption eine geschichtsbestimmende, geschichtsbildende Kraft hat, daß sie mit verändernder und gestaltender Macht in die Geschichte eingreift. Uns ist sie zunächst zu einem Zeugnis geworden. Wir erkennen, daß sie selbst geschichtlich bedingt ist und an einem Wendepunkt der Geschichte hervortritt. Sie kommt aus den unerträglich werdenden Spannungen des europäischen Geistes, aus den Torsionen der Willensanstrengung, aus jener trügerischen Ruhe vor dem Sturm, in der alles Kommende schon pulsiert und sich vorfühlen läßt, sie geht dem Zeitalter der Weltkriege voraus. Es ist ein Moment höchster Gefahr, in dem sie konzipiert wird. Über den Wahnsinn Nietzsches sollten diejenigen nicht sprechen, die zu wenig Verstand oder Einbildungskraft haben, um in dieser Welt je wahnsinnig werden zu können. Und auch diejenigen nicht, die den Wahnsinn als Strafe oder Unglück betrachten, jene Christen also, die ihren Zeigefinger immer mit dem Finger Gottes verwechseln.

Die Wiederkunftslehren lassen sich in zwei Kategorien unterbringen; sie verneinen den Willen, oder sie bejahen ihn. Die willensverneinenden Wiederkunftslehren sind mit einer Lohn- und Straflehre verbunden; eine solche ist auch die Seelenwanderungslehre. Wo der Wille verneint wird, dort erscheint die Wiederkehr als Übel oder verbunden mit einem Übel. Wo der Wille verneint wird, dort zielt alles Leben und Denken darauf ab, die Wiederkehr zu verhindern. Wo er bejaht wird, dort ist die Wiederkehr der Gipfel des Werdens. Für den Brahmanismus ist die Natur ein getrübtes, verunreinigtes Brahma, die Wiederkehr der Seelen und ihre Wanderung durch die Körper daher das Mittel der Reinigung, ein Reinigungsprozeß, ein läuternder Vorgang, durch den alles zu dem uranfanglosen, prädikatlosen Brahma zurückkehrt. Die ältere Lehre von der Seelenwanderung nimmt an, daß jede

Seele die ganze Stufenleiter der Kreaturen durchmachen müsse, ehe sie zurückzukehren vermag. Später wird angenommen, daß die Wiedergeburt abhänge von den Verdiensten und Verfehlungen früherer Lebensläufe und durch diese der Ort, die Sphäre der Wiedergeburt bestimmt werde. Der Mensch kann nach oben und unten hin die Spossen der großen Leiter überspringen. Er kann absinken in die unermeßlichen Zeiträume der Hölle, aus der die neue Wanderung begonnen wird. Und er kann in Sprüngen aufsteigen. Der Buddhismus läßt die gesamte metaphysische Spekulation des Brahmanismus hinter sich und befaßt sich mit der moralischen Praxis allein. Die Wiederkunftslehre, die mit einer Lohn- und Straftheorie verbunden ist, behält er bei; das erstrebte Ziel ist die vollkommene Auslöschung des Willens und Werdens. Dieser Wille, dieses Werden ist nichts als Wahn, Schein, Täuschung, Trug. Der große Palmbaum des Lebens soll an der Wurzel abgeschnitten, die Wiederkehr mit allen Mitteln verhindert werden. Der Weg dazu ist der durchdachteste, erprobteste, die Praxis aber eine milde, wenn sie mit den furchtbaren asketischen Methoden verglichen wird, welche die Sekten anwenden. Die Inder haben die Lehre von der ewigen Wiederkehr am tiefsten durchdacht und in ihrem Zusammenhange am lückenlosesten dargestellt. Daher ist in ihrem Bewußtsein etwas Geschichtsloses; dieses Bewußtsein widersetzt sich jeder Einwirkung, die es auf das geschichtliche Werden beschränken will. Die Wiederkehr lehren die Ägypter, bei denen die Seele nach ihrer Wanderung durch die Tierkörper in einen Menschenleib zurückkehrt, die Pythagoräer, Empedokles, der eine Wanderung auch durch Pflanzenkörper annimmt, Platon, Plotin, die Gnostiker und die Manichäer. Von diesen Lehren unterscheidet sich die Wiederkunft des Dionysos, mit der keine Lehre verbunden ist, und die, da sie den Willen bejaht, eine mächtige Bejahung des Werdens einschließt. Ihr fehlt

mit der Lohn- und Straflehre auch die Lehre von der Seelenwanderung. In den Mysterien aber wird an die Wiederkunft des Dionysos eine Lehre geknüpft; Dionysos erscheint als Seelenführer, als Psychopompos. Die Mysterien lehren eine Lohn- und Straftheorie, die mit einem Läuterungsprozeß verbunden ist. Dionysos wird zum Heilsgott.
Nietzsche ist überzeugt, daß seine Wiederkunftslehre jede andere Denkweise zugrunde richtet; sie ist für ihn der Hammer, welcher die Entscheidung bringt. Warum aber bringt sie die Entscheidung? Weil ihre Voraussetzung ist — und diese Voraussetzung allein macht sie erträglich — daß alle Werte umgewertet werden. Die Umwertung ist die Prämisse der ewigen Wiederkehr. Umgewertet aber werden die Werte durch den umfassenden Akt der Bejahung des Willens und Werdens. Seine Beweisführung ist die folgende. Gäbe es ein Ziel der Welt, so müßte es erreicht sein. Da aber ein solches Ziel nicht erreicht worden ist, muß der Schluß gezogen werden, daß die Welt kein Ziel hat. Im Werden steckt kein Endziel, es ist ziel- und zwecklos. Gäbe es ein Sein, wenn auch nur für einen Augenblick, dann wäre es mit allem Werden längst zu Ende. Da aber das Werden immer fortgeht, kann es niemals, auch nicht für einen Augenblick ein Sein gegeben haben. Die Tatsache des „Geistes" als eines Werdens beweist für ihn schon die Ziel- und Zwecklosigkeit der Welt, beweist, daß sie keinen Endzustand hat, daß sie des Seins unfähig ist. Hier wird jede Teleologie verneint, nicht nur die transzendente, die einen zwecksetzenden Schöpfer und eine zweckerfüllende Schöpfung annimmt, sondern auch die immanente, welche den Zweck in die Gesamtheit der Dinge selbst verlegt. Eine kosmische und metaphysische Teleologie gibt es nicht. In dem alten Streite zwischen Idealismus und Realismus tritt Nietzsche auf die Seite der Realisten und geht auf der Bahn von Baco, Descartes, Spinoza fort, wendet sich also der mechanischen

Weltbetrachtung zu, welche alle Zweckbegriffe befehdet. Und wenn er die Theorie Darwins bespöttelt, so macht er sie sich doch zunutze. Er operiert als Nominalist. Doch werden wir sehen, daß er einen eigenen Weg findet.

Gesteht man die Anfänge dieser Beweisführung zu, so ist damit über die ewige Wiederkehr noch nichts ausgesagt. Denn diese Sätze sind anwendbar auch auf ein Werden, das keiner Wiederkehr unterworfen ist. Nietzsche geht deshalb dazu über, ein Werden ohne ewige Wiederkehr zu leugnen, indem er behauptet, daß in einer solchen Annahme die Ziellosigkeit der Welt als Absicht gedacht sei, daß der Gedanke, die Welt weiche absichtlich einem Ziele aus und verhüte künstlich den Kreislauf, in der Annahme eingeschlossen liege. Das ist eine Behauptung, deren Spitze sich gegen die transzendente Teleologie und den Schöpfergott wendet. Verständlich wird sie, wenn vorausgesetzt wird, daß die Zahl der Kombinationen begrenzt ist, denn dann müssen in einer unendlichen Zeit alle Kombinationen wiederkehren. Der Begriff der Kombination umfaßt hier den jeweiligen Gesamtzustand, den Weltstand des Werdens. Er ist ein künstlicher, denn die Folge der sich unaufhörlich aneinanderreihenden Kombinationen kann durch das Bewußtsein nur auf willkürliche Weise fixiert werden. Die Kombinationen decken sich nicht mit Natur- oder Geschichtsepochen, sie sind momentane Fixierungen des in unaufhörlicher Veränderung befindlichen Werdens. Anfang und Ende einer solchen Kombination sind nicht wirklich zu ermitteln, denn sie sind, wie der Begriff der Kombination selbst, etwas dem Werden Hinzugedachtes, sind die Stützen des Gedankens, der sich einer unübersehbaren, chaotischen Bewegung gegenübersieht. Nietzsche stützt sich, um das Werden ohne Wiederkehr zu widerlegen, auf die Behauptung, daß man „einer endlichen, bestimmten, unveränderlich gleich-großen Kraft, wie es die ‚Welt' ist, die Wunderfähigkeit zur unendlichen Neugestaltung ihrer Formen und Lagen nicht geben könne." Hier aber hat man, um nicht sogleich zu straucheln, sich zuerst deutlich zu machen, daß es für das Werden keine Welt gibt, daß man die Welt in keinem Falle als Grundlage und Substrat betrachten kann, an dem sich das Werden vollzieht, denn neben dem Werden ist so wenig eine Welt wie neben dem Wollen ein eigener, von ihm ablösbarer Wille. Die Welt ist eine ebenso künstliche Fixierung des Werdens wie die Kombination. Nietzsche spricht daher von Welt hier in Parenthese. Er behauptet weiter, daß in einem Werden ohne Wiederkehr die alte Vorstellung vom Schöpfergott noch fortlebe, daß darin der Begriff einer unendlichen Kraft stecke, der einen Widerspruch enthalte. Da es einen solchen Begriff nicht gebe, fehle der Welt auch das Vermögen zu ewiger Neuheit. Darin liegt eingeschlossen, daß ein Werden mit unendlicher Wiederkehr den Begriff einer unendlichen Kraft nicht benötigt. In allen diesen Argumenten nähert sich die Beweisführung der mechanistischen Weltauslegung; nun aber wird diese samt ihren Annahmen eines Gleichgewichts- und Finalzustandes abgelehnt. Nietzsche greift insbesondere die Thomsonsche Hypothese an. William Thomson (Lord Kelvin) nimmt an, daß die mechanische Energie des Weltalls unausgesetzt in Wärme übergehe, die alle Temperaturunterschiede ausgleicht (Dissipation, Degradation der Energie). Er zerfällt die vorhandene Gesamtenergie in zwei Teile, von denen der bereits in Wärme verwandelte für die Arbeitsleistung unwiederbringlich verloren ist. Dieser, die Entropie des Weltalls, wächst unaufhörlich auf Kosten des ersten Teils, der in Wärme umwandelbar ist. „Die Entropie des Weltalls strebt", wie Clausius formuliert, „einem Maximum zu." Die Energie des Weltalls bleibt konstant, aber die Temperaturunterschiede gleichen sich aus, die Zurückverwandlung der Wärme in andere Energieformen hört auf, die mechanische Bewegung, das organische Leben im Weltall enden, der Weltprozeß ist beendet, das Ende der Welt ist da. Da sie ein solches Ende nimmt, muß sie auch einen Anfang gehabt haben, einen Anfang, in dem die Energie minimal, die Temperaturunterschiede maximal waren. Denn hätte sie keinen Anfang, bestände sie seit unendlich langer Zeit, so müßte jeder denkbare Zustand schon eingetreten sein. Hier also wird die Welt als ein einmal aufgezogenes und von selbst abschnurrendes Uhrwerk aufgefaßt, als Maschinerie, die zum Stillstand kommt, wenn das Heizmaterial verausgabt ist. Hinter diesem Uhrwerk, hinter dieser Maschine aber läßt sich ein calvinistischer Schöpfergott immerhin vermuten. Nietzsche lehnt diese Hypothese ab, mit Recht, denn sie stützt sich auf Teilbeobachtungen und Teilerfahrungen, die einen Schluß auf das Ganze nicht gestatten. Für ihn ist die Welt ein perpetum mobile. Sie „lebt von sich selber: ihre Exkremente sind ihre Nahrung." Sie hat „eine berechenbare Anzahl von Combinationen, die in einer unendlichen Zeit unendliche Male erreicht worden sind." Schon aus dieser Formulierung läßt sich vermuten, daß Nietzsche eine absolute Weltzeit annimmt. „Da zwischen jeder Combination und ihrer nächsten Wiederkehr alle überhaupt noch möglichen Combinationen abgelaufen sein müßten und jede dieser Combinationen die ganze Folge der Combinationen in derselben Reihe bedingt, so wäre damit ein Kreislauf von absolut identischen Reihen bewiesen: die Welt als Kreislauf, der sich unendlich oft bereits wiederholt hat und der sein Spiel in infinitum spielt." Gesteht man die Voraussetzungen zu, unter denen der Beweis geführt wird, dann enthält er allerdings keine Lücke. Eine andere Frage ist, ob Nietzsche sich diesen Beweis nicht hätte schenken können, ob die ewige Wiederkehr überhaupt beweisbar ist, ob nicht gegen die Beweisführung die gleichen Einwände erhoben werden können, wie sie bei den Beweisen für und gegen die Existenz Gottes entstehen. Daß der ontologische, der kosmologische und der physikotheologische Beweis untauglich sind. führt Kant aus, und das Rüstzeug dieser drei Beweisführungen wendet Nietzsche auf die ewige Wiederkehr an. Sie ist weder beweisbar noch widerlegbar. Gewiß aber ist, daß der Beweis für die ewige Wiederkehr sich nicht mit den Mitteln einer aristotelischen Logik führen läßt, die ein Sein voraussetzen und auf ein pures Werden nicht anwendbar sind. In Nietzsches Beweisführung wird eine Unsicherheit sichtbar über den Zeit- und Raumbegriff, mit dem er nicht ohne Willkür operiert. In den Aufzeichnungen des Nachlasses finden sich Anmerkungen, welche den Beweis der ewigen Wiederkehr stützen sollen, doch sind sie so abgerissen, daß das Verständnis erschwert wird. „Raum ist wie Materie eine subjektive Form, Zeit nicht. Raum ist erst durch die Annahme leeren Raumes entstanden, den gibt es nicht. Alles ist Kraft." Was heißt das? Offenbar doch, daß es einen absoluten Raum nicht gibt, wohl aber eine absolute Zeit, daß also die ewige Wiederkehr nur unter Voraussetzung einer absoluten Weltzeit denkbar ist. „Bewegtes und Bewegendes können wir nicht zusammendenken, aber das macht Materie und Raum. Wir isolieren." Was heißt das? Offenbar doch, daß wir als Erkennende Bewegtes und Bewegendes isolieren, daß aber Materie und Raum die Vereinigung zustande bringen, also die Einheit der Bewegung bewirken. Materie und Raum? Die Zeit wäre also keine Fiktion, keine Erdichtung? Es gäbe eine absolute Zeit, aber keinen absoluten Raum? Und Materie und Raum machen, daß man Bewegtes und Bewegendes zusammendenkt? Merkwürdig mutet an, daß Nietzsche die Zeit von jener Wendung zum Imaginären, die sein Denken vollzieht, ausnimmt. Er nimmt sie aus, weil er sonst die Stütze seiner Wiederkunftslehre beseitigt. Für den nämlich, der eine imaginäre Zeit annimmt, sind Ewigkeit und Augenblick eins und nicht zu trennen. Wer eine imaginäre Zeit annimmt, der beseitigt die trennende Kraft der

Zeit. Darin nun liegt eingeschlossen, daß die Vorstellung einer ewigen Wiederkehr ihn nicht mehr beunruhigen kann.

Daß seine Wiederkunftslehre mechanistisch ist, lehnt Nietzsche ab, denn wäre sie das, „so würde sie nicht eine unendliche Wiederkehr identischer Fälle bedingen, sondern einen Finalzustand." Dieser Einwand ist treffend, denn jede mechanistische Hypothese läuft auf die gänzliche Vernutzung der Welt hinaus, auf einen mechanischen Abnutzungsprozeß in toto, und dieser endet, wenn nichts Vernutzbares mehr da ist. Nietzsches Wiederkunftslehre geht über das mechanisch Erklärbare hinaus. Dennoch ist nicht zu verkennen, daß auch ihr etwas Mechanisches anhaftet. Denn mit jener mechanischen Exaktheit, welche eine Exaktheit der Relationen ist, auf die genaueste Weise kehrt alles wieder und wiederholt sich. „Es ist alles wiedergekommen: der Sirius und die Spinne und deine Gedanken in dieser Stunde und dieser dein Gedanke, daß alles wiederkommt." Und: „Welchen Zustand diese Welt auch nur erreichen kann, sie muß ihn erreicht haben, und nicht einmal, sondern unzählige Male. So diesen Augenblick: er war schon einmal da und viele Male und wird ebenso wiederkehren, alle Kräfte genau so verteilt wie jetzt: und ebenso steht es mit dem Augenblick, der diesen gebar und mit dem, welcher das Kind des jetzigen ist. Mensch! Dein ganzes Leben wird wie eine Sanduhr immer wieder umgedreht werden und immer wieder auslaufen — eine große Minute Zeit dazwischen, bis alle Bedingungen, aus denen du geworden bist, im Kreislaufe der Welt wieder zusammenkommen." Hier drängt sich zunächst die folgende Erwägung auf. Der Kreislauf, der angenommen wird, bedingt, daß auch die Zeit in einem vollkommenen Zirkel läuft, und nicht linear, nicht bandförmig, wie der Verstand sich ihren Lauf gemeinhin vorstellt. Wie sollen wir aber die Wiederkehren in der Vorstellung sondern? Eine große Schwierigkeit liegt darin, daß sie sich nicht nur wie ein Ei dem anderen ähneln, sondern — von der numerischen Verschiedenheit abgesehen — einander vollkommen gleich sind. Da sie vollkommen gleich sind, können sich zwischen ihnen auch nicht jene Verschiedenheiten zeigen, die durch ein zeitliches Nacheinander und räumliches Nebeneinander sich ergeben. Die Wiederkehren haben keinerlei wahrnehmbares Kriterium, durch das sie voneinander abgehoben und unterschieden werden können; sie lassen sich gar nicht unterscheiden. Da sie also ununterscheidbar sind, da sie alle einander vollkommen gleich sind, steigt die Vermutung auf, daß sie auch eins sind, und die Frage erhebt sich, durch welchen Umstand wir genötigt werden, sie als Abfolge zu sehen. Hierauf führt auch die folgende Bemerkung: „Ihr meint, ihr hättet lange Ruhe bis zur Wiedergeburt — aber täuscht euch nicht! Zwischen dem letzten Augenblick des Bewußtseins und dem ersten Schein des neuen Lebens liegt, keine Zeit', — es ist schnell wie ein Blitzschlag vorbei, wenn es auch lebende Geschöpfe nach Jahrbillionen messen und nicht einmal messen könnten. Zeitlosigkeit und Sukzession vertragen sich miteinander, sobald der Intellekt weg ist." Zeit und Sukzession sind also hier nur für den Intellekt da. Die Zwischenzeit, in welcher dieser Intellekt nicht da ist, ist für ihn auch nicht vorhanden. Das Leben rollt mit präziser Gleichheit unaufhörlich immer wider hintereinander ab, und es gibt keinen wachen Moment, in dem ich nicht da bin, also bin ich immer da, alles ist immer da. Das heißt aber: es ist gar kein Unterschied mehr auszumachen, ob ich immer da bin, oder ob ich immer wiederkehre. Hier ist ein Punkt, an dem die Lehren vom ewigen Werden und ewigen Sein sich eng, sehr eng berühren, so daß sie zusammenfließen scheinen. So wunderbar, so traumhaft den Menschen jenes Bewußtsein überfällt, daß er in einer Wiederkehr lebt, so wunderbar und traumhaft überfällt ihn auch jenes andere Bewußtsein, daß er immer da ist. Wäre er

nicht immer da, wie könnte er dann immer wiederkehren?
Indem uns dieses traumhaft mächtige Bewußtsein überfällt,
spüren wir einen Widerspruch gegen die christliche Lehre von
der Unsterblichkeit, die nur die Zukunft der Seele umfaßt,
nicht aber ihre Vergangenheit.
Sehen wir von diesen Schwierigkeiten ab, so zeigen sich andere.
Die Kombination betrifft einen objektiven Zusammenhang,
die Wiederkehr einen subjektiven. Beide aber sind willkürliche Fixierungen einer ununterscheidbaren Bewegung. Der
Tote oder Bewußtlose durchwandelt in mannigfaltigen Verwandlungen alle Kombinationen, bis der Augenblick der Wiederkehr und damit seines Bewußtseins kommt. Der Wiederkehrer durchmißt die Folge der Kombinationen, die zum
Kreislauf angeordnet sind, ohne daß er die Zeit sich zum Bewußtsein bringt. Die Wiederkehr ist nur eine der Kombinationen, jene für den Einzelnen unter allen anderen ausgezeichnete nämlich, in der Kombination und Wiederkehr zusammenfallen, in der er sich selbst, seine Epoche, seine Weltzeit und
seinen Weltzustand wiederfindet. Nur die Wiederkehren sind
untereinander vollkommen gleich; die Kombinationen, in die
keine Wiederkehr fällt, sind untereinander verschieden. Kombinationen und Wiederkehren sind, objektiv gesehen, an Zahl
gleich. Nur für den Einzelnen ist das Bild so, daß die Kombinationen die Wiederkehren an Zahl ohne Vergleich überwiegen. Welche Art der Verbindung besteht zwischen Wiederkehr und Wiederkehr? Sind sie organisch verbunden, oder
folgen sie sich ganz beziehungslos, so wie bei der ruckweisen
Drehung des Kaleidoskops auf mechanische Weise reguläre,
symmetrische Figuren entstehen? Beide Möglichkeiten verwickeln uns in ein Dilemma, aus dem nicht leicht ein Ausweg
zu finden ist. Gewiß ist nur eines, daß der Gesamtvorgang
nicht von außen her gesteuert wird, daß er seine Steuerung in
sich selbst hat. Gewiß ist, daß die ewige Wiederkehr, wie sie

von Nietzsche verfochten wird, einen vollendeten Automatismus zeigt. Denn immer von neuem, in alle Ewigkeit hin rollt auf die exakteste Weise, mit unüberbietbarer Präzision der gleiche Werdensvorgang ab. Der Amoralismus des Vorgangs liegt in der Vollkommenheit der Bewegung, die sich vollkommen genügt und gegenüber jeder Wertung indifferent zeigt. Die Bewegung schließt von vornherein schon jedes Kriterium ein, das gegen sie einen Anspruch auf Selbständigkeit zu erheben versucht. Ihr gegenüber kann sich nichts absetzen, nichts isolieren. Wenn aber der Gesamtprozeß des Werdens, welcher ewige Wiederkehr genannt wird, einen Automatismus enthält, dann kann sich die einzelne Wiederkehr diesem Automatismus nicht entziehen. Nietzsche, der im Automatismus der Bewegung ein Anzeichen der Vollkommenheit erblickt, läßt sich auch durch den vollendeten Mechanismus, aus dem allein sie hervorgehen kann, nicht beunruhigen. Indessen bleibt die Frage: ist die einzelne Wiederkehr das selbständige Ganze einer unendlichen Reihe? Hier geraten wir in das Gebiet der Grenzbegriffe, die sich nach Bolzano auf die Unendlichkeit der Zahlenreihe zurückführen lassen, und sehen uns vor den Paradoxien des Unendlichen. Wenn man den dedekindschen Begriff der unendlichen Menge annimmt, dann wird das Unendliche zum Ursprünglichen, das Endliche zu einem abgeleiteten Prozeß. Dann fällt das, was Teil und Ganzes, Kleiner und Größer genannt wird, auseinander. Aber lassen wir die mathematischen Betrachtungen, welche die Wiederkunftslehre Nietzsches anregt, erwägen wir etwas anderes.

Die ewige Wiederkehr, wie sie von Nietzsche gefaßt wird, hat eine ganz bestimmte Aufgabe: sie sanktioniert das Werden. Sie ist eine Sanktion des Werdens, der Gipfelpunkt nämlich, zu dem bei der Bejahung des Werdens fortgeschritten werden kann. Bejahe ich das Werden, dann will ich auch, daß alles wieder wird, daß jeder Moment des Weltprozesses in seinem festen Zusammenhange sich wiederholt. Und in der Konsequenz dieses Denkens schrecke ich auch vor dem Gedanken nicht mehr zurück, daß nicht nur jeder holde Augenblick, jeder Augenblick der Lust wiederkehrt, sondern auch jeder Schmerz, jedes Leiden, alles Häßliche, Vulgäre, Fürchterliche dieser Menschenwelt. Das, was der Mensch ist, ist durch das Denken nicht auszuschöpfen. Könnte er sich selbst, seine eigene Möglichkeit und Wirklichkeit durch das Denken ausschöpfen, sich selbst ganz durchsichtig werden, dann würde das Rad des Werdens stille stehn, dann würde der Mensch selbst enden. Er ist der einzige Lebendige, der alles und nichts ist, der ein Bewußtsein darüber hat, daß er alles und nichts zu gleicher Zeit ist. In ihm ist die Angst vor der Wiederkehr wie die Lust an ihr. Er verneint und bejaht den Willen, verneint und bejaht das Werden. Daß zu einer solchen Bejahung Mut gehört, daß sie tief ist, daß sie Frömmigkeit voraussetzt, läßt sich nicht verkennen. Wozu aber, so lautet die Frage, bedarf das Werden einer Sanktion? Was drängt den Denker dazu, ihm eine solche Sanktion zu geben? Er wird dazu gedrungen durch die Schwierigkeiten, welche bei der Vorstellung eines Werdens ohne Wiederkehr entstehen. Diese Schwierigkeit wird für Nietzsche radikal, weil er die Brücke zum Sein abgebrochen hat, weil er dazu gelangt, alles Sein und alles Seiende zu leugnen, es nur als optische Täuschung des Werdens zu begreifen. Der Ansatz dazu liegt schon in seiner Schrift „Die Philosophie im tragischen Zeitalter der Griechen". Nietzsches Stellung zur griechischen Philosophie, die wechselnden Stellungen, die er ihr gegenüber einnimmt, werden durch seine Willenslehre und deren Entfaltung bestimmt. Von ihr aus interpretiert er die Naturphilosophen, von ihr aus die Eleaten und den eleatischen Seinsbegriff. Er läßt keinen Zweifel darüber, auf welcher Seite er in der Kontroverse zwischen Parmenides und Heraklit steht. Er hatte eine deutliche Anschauung von der Mächtigkeit der ionischen Denker, aber er verneint jenen Ausgleich zwischen Sein und Werden, um den ihr Denken kreist. Thales, der das Seiende auf ein einfaches Prinzip zurückführt und dieses, das Wasser, als einen Kreislauf bestimmt, begreift das Sein zugleich als unaufhörliches Werden. Auch das unvergängliche apeiron Anaximanders entläßt aus sich eine elementare Gegensätzlichkeit, eine endlose Folge entstehender und vergehender Welten. Die heraklitische Philosophie ist die Nietzsche gemäße, auf die er, als die mächtigste Philosophie des Werdens, mit der größten Neigung blickt, während die demokritische, die sich als atomistischer, mechanistischer, materialistischer Naturalismus zu erkennen gibt, also auf eine Seinsordnung des unteilbar Kleinsten zurückgeht auf ein Festes, Starres, Unveränderliches, auf starre Aggregatzustände, ihm so fremd bleibt wie die leukippische Atomistik. Gegen diese richtet sich der Angriff des Empedokles, dem sich Nietzsche verwandt fühlt. Den Pythagoräern entfremdete ihn schon deren asketische Ethik. Zu der eleatischen Schule mußte er mehr und mehr in Widerspruch geraten. Die Seinslehre des Xenophanes steht mit seiner Willenslehre ebenso im Widerspruch wie die des Parmenides, der das Werden und die Vielheit und Veränderlichkeit leugnet, wie die apagogische Beweisführung des Zenon für die Wahrheit der eleatischen Alleins-Lehre und die Lehre des Melissos, der das Sein für unbegrenzt und unendlich erklärte und die sinnlichen Wahrnehmungen für Schein hielt. Mit Neigung betrachtete er dagegen die Sophisten, die an die eleatische und heraklitische Schule anknüpfen, beide aber durch ihre Syllogismen auflösen. Sein Verhältnis zu den Sophisten bleibt ein indirektes und polemisches, ein Mittel zum Zweck; es wird bestimmt durch seine Ablehnung der sokratischen und platonischen Philosophie. Er suchte in den Sophisten Bundesgenossen. Der logische und metaphysische Nihilismus der Sophisten war für ihn eine Fundgrube. Der rhetorische Nihilismus des Gorgias, der das Sein leugnet (Es ist nichts), der anthropozentrische des Protagoras, die sophistische Ethik des Hippias beschäftigten Nietzsche stark, aber auch das Wirken dieser Männer, die als Lehrer, Pädagogen, Rhetoren und Tyrannen in der Öffentlichkeit auftraten. Was er an den Sophisten würdigt, ist das Geschick, mit dem sie alle Ansprüche auf Erkenntnis einer wahren Welt zu Fall zu bringen suchen. Er sah in ihnen einen Ansatz, der durch das sokratische Denken, durch den Platonismus beseitigt wurde. Die Sophisten galten ihm noch als echte Hellenen, während er in Sokrates und Platon antihellenische Instinkte herauswitterte, Instinkte, die sich gegen die Mythe, das Epos, die Tragödie, gegen den Dionysos wenden. Der sokratischen Ironie und Dialektik, dem platonischen Idealismus gilt der Hauptkampf; gegen Aristoteles polemisiert er nicht ernstlich. Die gesamte Stoa, die mit seiner Willenslehre unvereinbar ist, übergießt er mit Spott und Hohn. Wie er gegen Sokrates und Platon die Sophisten hebt, so hebt er gegen die Stoa den Epikur. In dem Grade, in dem seine Willens- und Werdenslehre schärfer, bestimmter und eindeutiger sich ausspricht, wird seine Kritik der griechischen Philosophie eindeutiger; er greift an, was seinem eigenen Denken nicht homogen ist. Mit der Scholastik hat er sich nicht ernstlich beschäftigt, obwohl die Wurzeln seines Denkens auf sie zurückführen. Sein Verhältnis zu aller neueren Philosophie wird zunächst durch Schopenhauer bestimmt. Erst indem er die Willenslehre gegen den Lehrmeister seiner Jugend zuspitzt, wird er intransigent gegen Kant und die kantische Schule und stützt sich in seinem Kampfe gegen sie auf Hegel.

Schopenhauer hatte sein eigenes System als „immanenten Dogmatismus" bezeichnet und es in Gegensatz gebracht zu allem transzendenten Dogmatismus, der über die Welt hinausgeht und sie aus etwas anderem zu erklären versucht. Dieser immanente Dogmatismus beginnt mit dem Satz vom Grunde, der als „die allgemeinste Form des Intellekts" bezeichnet wird. Dieser Intellekt wiederum gilt als „wahrer locus mundi", als „die objektive Welt". Nietzsches Lehre ist keine Emanationslehre, sondern eine Lehre von der Immanenz des Werdens. Auf der Wegscheide seines Denkens sah er sich vor zwei Möglichkeiten gestellt: ein unendliches Werden anzunehmen, in dem nichts wiederkehrt, das keiner Sanktion bedarf, oder die ewige Wiederkunftslehre anzunehmen, die eine Sanktion des Werdens einschließt. Denn die höchste Bejahung des Werdens ist eben nichts anderes als die Bejahung der ewigen Wiederkehr. Dionysos, als Gott des Werdens, kehrt immer wieder. Das Werden wird durch ihn bejaht, nicht als ein mechanisch und automatisch wiederkehrendes, sondern als zyklisches, rhythmisches, in Periodizitäten hervortretendes. Bei ihm ist keine Rede davon, daß ein Gleiches auf mechanisch exakte Weise unendlich oft wiederkehrt, vielmehr entfaltet er einen neuen Zyklus, er kommt in der Apokatastasis, wiederherstellend, erneuernd. Seine Epiphanie ist verbunden mit dem flutartig über den Menschen hereinbrechenden Reichtum und Überfluß, mit dem großen Festzug, an dem Mensch und Tier teilnehmen und das Pflanzenreich zu Blüte und Fruchtbarkeit kommt. Er behebt den Mangel, indem er die Zeit auslöscht. Durchdenkt man Nietzsches Fassung der ewigen Wiederkehr, dann zeigt sich, was an ihr quälend ist. Das Quälende liegt darin, daß er an dem Begriff einer absoluten Zeit festhält und ihn mit der Wiederkehr verbindet. Es ist, als ob immer die gleiche Schnur mit den gleichen gedrechselten Perlen durch die Hand läuft. Alles läuft unaufhörlich am Faden dieser starren, newtonisch gedachten Zeit ab. Diese im Kreislauf dahineilende Zeit verbindet nicht nur, sie trennt auch, sie trennt Wiederkehr von Wiederkehr und trennt Moment von Moment innerhalb der einzelnen Wiederkehr. Hier fehlt etwas, hier ist etwas hart und starr geblieben. Was ist es aber, das fehlt? Nichts anderes als der Begriff der Verwandlung. Es fehlt die verwandelnde Kraft des Gottes. Es fehlt jener Hades, jenes Totenreich, aus dem Dionysos in das Licht aufsteigt. Und es fehlt die Verbindung des Totenreiches mit dem Reiche der Lebenden. In Nietzsches Wiederkunftslehre fehlt der unterirdische Dionysos, der Gott des chthonischen Werdens, der in die apollinische Seinswelt einbricht und sie umkehrt. Dionysos ist der Gott der Umkehr. Nietzsches ewige Wiederkehr kennt diese Umkehr nicht. Sie ist ein aus sich rollendes Rad, und dieses Rad hat immer die gleiche Rotation.

Die Epiphanie des Dionysos ist tragisch; er ist der Herr der Tragödie. Nietzsches Wiederkunftslehre aber hat nichts Tragisches, obwohl sie in einem tragischen Momente konzipiert wurde. Sie läuft auf die Wiederholung hinaus, und diese hat nichts Tragisches. Herr der Tragödie ist Dionysos nicht, weil er wiederkehrt, sondern weil er sich verwandelt, weil er ein Gott der Umkehr ist.

Zuletzt ist zu fragen: liegt eine Sanktion darin, daß etwas unendlich oft, auf die gleiche Weise sich wiederholt? Ist darin mehr ausgesprochen als die Tatsache der Wiederholung? Wir können diese Frage verneinen, ohne von der imaginierenden Kraft des Denkers geringer zu denken. Die Lehre von der ewigen Wiederkehr ist kein Kuriosum und kann nicht als Kuriosum behandelt und abgetan werden. An dieser Lehre haben die tiefsten Denker und die Einfältigen immer gehangen; ihr war der größere Teil der Menschheit immer zugetan. Sie zu bewältigen, sie fortzuführen ist eine Aufgabe, für die noch nichts getan ist.

DER ÜBERMENSCH

Die Lehre vom Übermenschen ist ebenso beunruhigend wie die Lehre von der ewigen Widerkehr. Die Frage ist zunächst: wozu bedarf es eines Übermenschen? Wenn der Mensch hinreicht, wenn der Mensch Freude und herzliches Wohlwollen am Menschen hat, wozu dann der Übermensch? Die Liebenden wollen sich nicht anders, als sie sind. Sie genügen sich, sie sind sich mehr als genug, denn sie haben ihren Überfluß aneinander. Sie sind wie Rutengänger, die überall Quellen schlagen, und durch sie wächst, gedeiht und blüht diese Erde. Ist es nicht ein Akt der Liebe, wenn ich den Menschen nehme, wie er ist, wenn ich ihn nicht störe und in sich selbst beirre, sondern ihn in seinem Dasein anerkenne und bestätige? Gleicht ein solches Verhalten nicht der Richtschnur, die mich durch alles Trübe, Verworrene des Menschenlebens sicher leitet? Gehört das Wohlwollen nicht zu den Ruhmestiteln des Menschen? Offenbar. Aber die Frage ist eine andere. Im Menschen ist immer etwas, das über den Menschen hinauswill und hinausweist. Ihn unterscheidet von allem, was lebt, daß er sich nicht genügt, daß er in der von ihm vorgefundenen Bestimmung nicht verweilt, daß er sich vergöttlichen will. Es ist in ihm etwas, das er überwinden, zerstören, zugrunde richten will. Denken wir zunächst daran, daß die christliche Dogmatik von einer Verderbnis des natürlichen Menschen ausgeht und ihm jede verdienstliche Mitwirkung bei der Bekehrung abstreitet. In ihrer augustinisch strengen Fassung widersetzt sich die Lehre von der Erbsünde allem Pelagianismus, und Luther und Calvin haben an ihr festgehalten. Ein Lutheraner wie Flacius ging so weit, die Erbsünde als zur Substanz des Menschen gehörig anzusehen und wurde deshalb als Manichäer verschrien. Nietzsches Lehre vom Übermenschen ist zwar alles andere als eine christliche Lehre; das peccatum originale bekümmerte Nietzsche nicht. Dennoch zeigt der Übermensch, wie ihn Nietzsche sich vorstellt, seine Herkunft aus einer christlichen Überlieferung an. Er kann als der Antipode des christlichen Heiligen betrachtet werden. Und notwendig schließt er eine Kritik des Menschen ein. Er ist kein moralisch perfekter Mensch, denn er wird mit einem amoralischen Wertmaßstabe gemessen. Auch die Lehre von der ewigen Wiederkehr ist, da sie das Werden bejaht, amoralisch. Die Vorstellung eines Fortschrittes, der den gesamten Weltprozeß steuert, der an diesem Weltprozeß immer deutlicher ablesbar, aus ihm immer reiner herausziehbar ist, ist mit der Wiederkehr unvereinbar. Dort, wo es eine ewige Wiederkehr gibt, gibt es keinen Fortschritt, keine Gesamtentwicklung, überhaupt keinen Endzweck mehr. Das unendlich wiederkehrende Werden kennt keinen Finalzustand.

Hier werden alle die Bestimmungen, welche Hegel in die Geschichte hineindachte, verneint; die Hegelsche Geschichtsphilosophie wird verworfen. Diese Geschichtsphilosophie ist durchaus teleologisch; sie fragt nach dem Endzweck. „Indem wir die Geschichte als diese Schlachtbank betrachten, auf welcher das Glück der Völker, die Weisheit der Staaten und die Tugend der Individuen zum Opfer gebracht worden, so entsteht dem Gedanken notwendig die Frage, wem, welchem Endzweck diese ungeheuersten Opfer gebracht worden sind." Denn „dieser ungeheuren Aufopferung geistigen Inhalts", fährt Hegel fort, „muß ein Endzweck zugrunde liegen." Und diesen absoluten, vernünftigen Endzweck arbeitet er nun in die Welt hinein; er sucht die Theodizee in der Geschichte, nicht in der Natur, die für ihn ein Schauplatz minderen Ranges ist. Da der Endzweck für ihn die Idee ist, die Idee der menschlichen Freiheit, wird die Weltgeschichte zum Bewußtsein des Geistes von dieser Freiheit. Freiheit aber ist für ihn das „Beisichselbstsein" des Geistes. Die Natur bleibt für ihn etwas Vernutzbares, für den Verbrauch Bestimmtes. In ihr ist kein höheres Interesse, nichts, was den Menschen an sich selbst beschäftigen könnte. Sie ist der langweilige Kreislauf, in dem immer das Gleiche wiederkehrt. Der Geist aber hat wirkliche Entwicklung, das heißt er leistet „harte, unwillige Arbeit gegen sich selbst". Die Wiederkehr wird hier als ein niederer Kreislauf der Natur übertragen; ihr Kreislauf sichert und ernährt nur die vertikale Bewegung des Geistes. Der Dialektik des weltgeschichtlichen Prozesses ist die Natur nicht unterworfen. Diese Dialektik, die das Bewußtsein des Menschen erfüllt, die sich allein in seinem Kopfe abspielt, stellt Hegel nun dar, in jenen Stufen, die über den Orient, China, Persien, Judäa, Ägypten, die Griechen und Römer zum Christentum führen. Alle Abschnitte des Werdens sind für ihn nur Mittel zum Zweck; er verbraucht den ganzen Reichtum der Formen bedenkenlos für seine geschichtsphilosophische Konstruktion. Er entwirft jene Pyramide, auf deren Schlußstein er selbst Umschau hält, denn nach seinen Begriffen ist ein neues weltgeschichtliches Prinzip nicht mehr möglich, die Weltgeschichte ist in ihrer „absoluten Epoche", sie ist vollendet, der Weltgeist ist mit dem christlichen Prinzip in seine letzte Tiefe eingedrungen. Die Philosophie der Geschichte ist der Abschluß der Geschichte selbst. Von dieser teleologischen Gesamtkonstruktion will Nietzsche nichts wissen und wendet gegen sie seine Wiederkunftslehre, die universal ist, denn sie begreift auch den dialektischen Weltprozeß als Moment in sich. Da sie ihn aber als Moment in sich begreift, raubt sie ihm alle Bedeutung, denn ein Prozeß wie der von Hegel geschilderte, wird sinnlos, wenn er sich unendlich wiederholt. Seine Bedeutung liegt in der Einmaligkeit des Geschehens. Die Antwort, welche Nietzsche gegenüber der Hegel'schen Konstruktion bereithält, ist, daß nichts zu Ende ist, weil es ein solches Ende gar nicht gibt. Das Ende ist nur eine hypothetische Fixierung, ein fiktiver Ruhepunkt, den der Geist sich setzt. Die Kombinationen gehen in infinitum fort. Der Einwand, daß die Erde doch einmal erkalten, explodieren, sich in Rauch auflösen könne, ist kein Einwand, denn solche Zustände liegen innerhalb der Kombinationen, sind in sie einbegriffen, haben also im Fortgang des unendlichen Werdens, das alle seine Kombinationen immer wieder herstellt, nur momentane Bedeutung.

Hier muß zunächst verstanden werden, daß die Lehre von der ewigen Wiederkehr mit der Lehre vom Übermenschen Hand in Hand geht, daß die Wiederkehr den Übermenschen voraussetzt. Der Übermensch entsteht „um die Mitte der Bahn". Würde er nicht entstehen, dann wäre die Wiederkunftslehre ganz und gar unerträglich, ja absurd. Denn dann bliebe nur der stumpfe, mechanische Umschwung, der sich als Kreislauf wiederholt. Dieser Kreisel des Werdens hat seinen Sinn und seine Mitte im Übermenschen. „Der große Schleier des Werdens" ist des Übermenschen wegen da. Seinetwegen leuchtet der Mittag. Alle Kombinationen und Wiederkehren haben also einen Bezug auf den Übermenschen; in der Bewegung des unendlichen Werdens ist etwas Sehnsüchtiges, das ohne Ermatten auf den Übermenschen zustrebt. Er ist die höchste Welle in den Meereswogen der Unendlichkeit. Seinetwegen allein ist die ganze Bewegung im Gange.

Das Beunruhigende dieser Lehre liegt darin, daß der Übermensch nicht konzipiert werden kann ohne den Untermenschen, ohne eine niedrigere Art Mensch, die Nietzsche den letzten Menschen und den Gegensatz des Übermenschen nennt. Der letzte Mensch ist zugleich mit dem Übermenschen da; die Sehnsucht der Masse geht nach dem letzten Menschen. Hier nun wird sichtbar, daß eine Konzeption wie der Übermensch den weitgetriebenen Nivellierungsprozeß voraussetzt; sie setzt eine Art Mensch voraus, die ihren Sinn verloren hat. Wie aber geht das zu? Der Vorgang wird in einer bedeutenden Stelle des Nachlasses umrissen. „Diese Geschichte spielt sich in immer wenigeren Köpfen ab. Aber der Verlust des Glaubens wird ruchbar unter allen Übrigen — nun folgt nach: das Aufhören der Furcht, der Autorität, des Vertrauens, das Leben nach dem Augenblick, nach dem gröbsten Ziele, nach dem Sichtbarsten: eine umgekehrte Bewegung leitet sich ein. Das Vertrauen ist noch am größten für das, was dem früheren Ziele am entgegengesetztesten ist! Ein Versuchen und Experimentieren, ein Gefühl der Verantwortungslosigkeit, die Lust an der Anarchie! An die Stelle des Stolzes ist die Klugheit getreten. Die Wissenschaft tritt in ihren Dienst. Eine gemeinere Gattung von Menschen bekommt das Regiment (statt der Noblesse oder der Priester): erst die Kaufleute, nachher die Arbeiter. Die Masse tritt auf als Herrscher. Das Individuum muß sich zur Masse lügen. — Nun werden noch immer solche geboren, die in früheren Zeiten zu der herrschenden Klasse der Priester, des Adels, der Denker gehört hätten. Jetzt überschauen sie die Vernichtung der Religion und Metaphysik, Noblesse und Individual-Bedeutung. Es sind Nachgeborene. Sie müssen sich eine Bedeutung geben, ein Ziel setzen, um sich nicht schlecht zu befinden. Lüge und heimliche Rückflucht zum Überwundenen, Dienst in nächtlichen Tempeltrümmern sei ferne! Dienst in den Markthallen ebenfalls! Sie ergreifen die Teile der Erkenntnis, welche durch das Interesse der Klugheit nicht gefördert werden! Ebenso die Künste, welchen der müde

Geist abhold ist! Sie sind Beobachter der Zeit und leben hinter den Ereignissen. Sie üben sich, sich frei von der Zeit zu machen und sie nur zu verstehen, wie ein Adler, der darüber fliegt. Sie beschränken sich zur größten Unabhängigkeit und wollen nicht Bürger und Politiker und Besitzer sein. Sie reservieren hinter allen Vorgängen die Individuen, erziehen sie — die Menschheit wird sie vielleicht einst nötig haben, wenn der gemeine Rausch der Anarchie vorüber ist. Pfui über Die, welche sich jetzt zudringlich der Masse als ihre Heilande anbieten! Oder den Nationen! Wir sind Emigranten. — Wir wollen auch das böse Gewissen für die Wissenschaft im Dienste der Klugen sein! Wir wollen bereit sein! Wir wollen Todfeinde derer von den Unseren sein, welche zur Verlogenheit Zuflucht nehmen und Reaktion wollen! — Es ist wahr, wir stammen von Fürsten und Priestern ab: aber eben deshalb halten wir unsere Ahnen hoch, weil sie sich selber überwunden haben. Wir würden sie schänden, wenn wir ihr Größtes verleugneten! Was gehen uns also die Fürsten und Priester der Gegenwart an, welche durch Selbstbetrug leben müssen und wollen!"

Der Kursus, der hier gezeigt wird, kann als Schule des Übermenschen betrachtet werden. Die Maßnahmen, die empfohlen werden, laufen insgesamt auf eine Klausur hinaus, auf ein désintéressement, auf eine eremitenhafte Geistigkeit inmitten des brutalen Lärms der Geschäfte und Interessen. Um uns ganz deutlich zu machen, wie der geniale Einzelne auf die Schachzüge des Schauspielers und der Masse antwortet, sei hier eine Parallele gezogen. Das folgende Zitat aus Baudelaire hat Nietzsche selbst übersetzt, und in dieser Übersetzung lautet es: „Nicht, daß wir dem wilden Zustande uns wieder näherten, etwa nach Art des désordre bouffon südamerikanischer Republiken, wo man, das Gewehr in der Hand, seine Nahrung sucht, zwischen den Trümmern unserer Zivilisation.

Das würde noch eine gewisse vitale Energie voraussetzen. Die Mechanik wird uns derart amerikanisiert, der Fortschritt wird die spiritualistisch Starken dermaßen unter uns atrophiert haben, daß alles Verrückte, was geträumt worden ist von Sozialisten, hinter der positiven Wirklichkeit zurückbleibt. Keine Religion, kein Eigentum; selbst keine Revolution mehr. Nicht in politischen Institutionen wird sich der allgemeine Ruin zeigen (ou le progrès universel: es liegt wenig an Namen). Habe ich nötig zu sagen, daß das wenige von Politik, das übrig bleibt, se débattra péniblement dans les étreintes de l'animalité générale, und daß die politischen Gouvernements gezwungen sein werden, um sich aufrechtzuerhalten, ein Phantom von Ordnung zu schaffen, zu Mitteln ihre Zuflucht zu nehmen, qui feraient frisonner notre humanité actuelle, pourtant si endurcie! (Haarsträubend!) Dann wird der Sohn die Familie fliehen, mit zwölf Jahren, émancipé par sa précocité gloutonne, um sich zu bereichern, um seinem infamen Vater Konkurrenz zu machen, fondateur et actionnaire d'un journal, das Licht verbreitet usw. — Dann werden selbst die Prostituierten von unbarmherziger Weisheit sein, qui condamne tout, fors l'argent, tout, même les erreurs des sens! Dann wird alles, was uns Tugend heißt, als etwas ungeheuer lächerliches angesehen werden, — alles, was nicht ardeur vers Plutus ist. Die Gerechtigkeit wird Bürger verbieten, welche nicht ihr Glück zu machen wissen usw. — avilissement --."
„Was mich betrifft, der ich bisweilen das Lächerliche eines Propheten in mir fühle, ich weiß, daß ich niemals la charité d'un médecin darin finden werde. Verloren in dieser erbärmlichen Welt, coudoyé par les foules, bin ich wie ein müder Mensch, der rückwärts blickend nichts sieht, als désabusement et amertume in langen, tiefen Jahren, und vor sich einen Sturm, in dem es nichts neues gibt, weder Lust noch Schmerz.

Le soir, où cet homme a volé à la destinée quelques heures de plaisir, bercé dans sa digestion, oublieux autant que possible du passé, content du présent et résigné à l'avenir, enivré de son sang-froid et de son dandysme, fier de n'être pas aussi bas que ceux qui passent, il se dit, en contemplant la fumée de son cigare: „Que m'importe, où vont ces consciences?" — Dieser Ausdruck des radikalen und reinen ästhetischen Nihilismus enthielt Züge, welche Nietzsche ergriffen. In Baudelaires Prognose konzentrieren sich die mannigfaltigsten Erfahrungen; es ist ein Schauspiel der Vulgarität und der Sinnlosigkeit, vor dem er sich zurückzieht. Seine Diagnose unterscheidet sich von der Nietzsches durch die vollkommene Hoffnungslosigkeit; er kreuzt die Arme vor dem Geschehen, das an ihm vorüberzieht und beobachtet es als gelangweilter und von Ekel ergriffener Zuschauer. Seit der Zeit, in der er seine Beobachtungen niederschrieb, ist das Bild des Menschen noch auf andere Weise verstört und entstellt worden. Der Prozeß der Dekomposition hat überall Fortschritte gemacht, Fortschritte, die auch unter dem Mangel verzweifelter Ordnungsvorgänge zu beobachten sind. Sie zeigen sich in den Wissenschaften und den technischen Werkstätten. Der Nihilismus zeigt sich nicht nur in den nackten Auflösungsvorgängen, sondern auch in den Versuchen, auf gewaltsame, brutale Weise Ordnung zu schaffen, Zwangsordnungen, in denen der Mensch als Roboter vegetiert. Wenn der Mensch keinen Sinn mehr in sich hineinlegt, dann ist auch kein Sinn mehr in ihn hineinzulegen. Dieser Mangel an Sinn verbindet sich heute mit seiner Arbeit. Das ist eines der beunruhigendsten Phänomene, die sich dem Beobachter darbieten. Eine in sich rotierende Arbeitswelt, die sich mit ökonomischen und technischen Maßstäben begnügt, treibt die Massen als Arbeitssklaven im Kreislauf umher. Der Gesamtarbeitsprozeß, in dem alles aufgeht, ist zweckmäßig, ist rational vollkommen durchdacht, aber er hat jeden Sinn verloren. Dieser Arbeitsprozeß schlingt nicht nur alles in sich hinein, er verschlingt mehr, als er hervorbringt. Daß er funktioniert, in Bewegung ist, daß er mit gewissen Utopien gespeist wird, die sich als enorme Seifenblasen zu erkennen geben, ist das Kennzeichen dafür, daß er sinnlos ist. Denn wozu diese ganze Arbeit? Und wozu diese immer riesenhafteren Arbeitskollektive, in denen der Mensch das Leben von Ameisen und Termiten zu führen beginnt? „Ein Zeitalter der Barbarei beginnt, die Wissenschaften werden ihm dienen." Die Wissenschaft hat keinen Sinn mehr; sie ist nur noch eine Fortbewegung in toten Gehäusen. Sie grübelt über dem Universalarbeitsplan, in dessen Geschirr sie selbst eingespannt ist. Freilich, man muß selbst lebendig sein, um das zu fühlen. Im Grunde gibt es keine „Fröhliche Wissenschaft". Die Wissenschaft ist etwas Düsteres, Graues, Freudloses; der Erkenntnistrieb hat sich vom Leben losgemacht und steuert ins Leere, steuert einen Punkt im Nichts an. Wir erkennen jetzt, daß er immer unverhüllter auf die pure Zerstörung ausgeht; seine nihilistischen Konsequenzen treten ganz nackt hervor. Es hat keinen Zweck, das heißt keinen Reiz mehr, sich das durch Phrasen zu verbergen. Die Wissenschaft ist keine heitere Argo, die sich in unbekannte Meere aufmacht, um das goldene Vließ heimzuholen. Ihr Fortschritt ist ein Fortschritt im Zerstören. Sie gleicht jenem Schiffe „Titanic", das mit seinen ignoblen Luxuspassagieren und Reichtümern, mit seiner ganzen Pracht und Fracht auf einen Eisberg zusteuert und versinkt. Wozu also noch Wissenschaft? — es sei denn für diejenigen, die zugrunde gehen wollen. Die „intellektuelle Rechtschaffenheit", von der Nietzsche oft spricht, an der er lange festgehalten hat, ist ein moralisches Negativum. Denn die Frage ist, womit und woran solche Verstandestugenden, solche wissenschaftlichen Tugenden arbeiten, welches Bild vom Menschen sie hinterlassen. In aller intellektuellen Rechtschaffenheit und Redlichkeit gibt sich der fürchterliche Pauperismus der Wissenschaft zu erkennen. In diesem Denken ist niemals ein Überschuß von Kraft, nie eine Beziehung zum Überfluß des Lebens, immer nur die intellektuelle Redlichkeit der zerstörenden Methoden.

Wenn die alte Rang- und Wertordnung zerbricht, dann folgt daraus zunächst, daß der Mensch keinen Rang und Wert in Ordnungen mehr hat. Wenn er jetzt nach Gleichheit strebt, dann erhebt sich zunächst die Frage, wem er sich angleicht. Solange er sich als Ebenbild Gottes fühlt, solange gibt es auf diese Frage eine eindeutige Antwort. Wenn aber der alte Gott tot für den Menschen ist, was geschieht dann? Ebenbildlichkeit ist ja die Form und der Inhalt jeder Gleichheit; ohne ebenbildliche Angleichung ist die Gleichheit nur das form- und gehaltlose Zerfließen der Art, Gestalt und Individualität. Jede denkbare Gleichheit muß konkret bestimmbar sein; bestimmbar aber wird sie erst durch eine ihr zugeordnete Ungleichheit. Gleichheit ist etwas Negatives, das Form und Gehalt erst durch ein Ungleiches erlangt. Wem also gleicht sich der Mensch jetzt an? Niemandem anders als dem Schauspieler. Aber der Schauspieler ist kein Ebenbild, er täuscht die Ebenbildlichkeit nur vor. Was geschieht, wenn der alte Gott tot für den Menschen ist? Nietzsche, der homo religiosus katexochen, hat sich diese Frage immer wieder vorgelegt. Wie aber ist sie zu fassen? Ist Gott tot für den Menschen, weil der Mensch seinen Sinn verliert? Oder verliert der Mensch seinen Sinn, weil Gott tot für ihn ist? Darauf gibt Nietzsche eine Antwort: „Ihr nennt es die Selbstzersetzung Gottes: es ist aber nur seine Häutung: — er zieht seine moralische Haut aus. Und ihr sollt ihn bald wiedersehen, jenseits von Gut und Böse."

Der Gott ist verschwunden, aber er wird wiederkehren; er häutet sich in der Verborgenheit wie die dionysische Schlange. In der Tat ist der Gedanke an einen moralischen Gott unerträglich, absurd und widrig zugleich. Es ist der Gedanke, der den homo religiosus, welcher ein Liebender ist, am tiefsten verletzt. Der moralische Gott ist kein Gott, sondern eine Maxime, ein System. Jeder Versuch, die Ethik souverain zu machen, führt zu einem moralischen Gott. Die kantische Theologie, welche mit der Sittenlehre eins wird, ist es, gegen welche Nietzsche sich hier wendet. Der Mensch glaubt noch in einer Beziehung zu Gott zu sein, wenn er einen moralischen Käfig gebaut hat, in den er sich selbst einsperrt, aus dem aber alles Göttliche sich schweigend davongemacht hat. Irgendwie führt Nietzsche das scotistische Denken zu Ende. Duns Scotus hatte gelehrt, daß nicht der Wille von der Vernunft, sondern die Vernunft vom Willen abhänge. Er lehrte, daß Gott nicht das Gute wolle, sondern daß alles, was Gott wolle, uns unter dem Gesichtspunkt des Guten erscheine. In der großen Kontroverse zwischen Thomisten und Scotisten trugen die Scotisten den Sieg davon. Der Thomismus verfocht eine religiöse Statik, Duns Scotus aber, der vom Willen ausging, den religiösen Dynamismus. Er negierte den moralischen Gott. „Eigentlich", sagt Nietzsche, „ist nur der moralische Gott widerlegt." Indem die moralische Begrifflichkeit sich zersetzt — und sie zersetzt sich, wo sie souverain wird — wird deutlich, daß es keinen moralischen Gott gibt, daß dieser nicht mehr als eine Fata morgana war. Die Menschen, die nur an einen moralischen Gott glaubten, haben nun keinen Gott mehr. Da überall nur noch ein moralischer Gott geglaubt wird, gibt es keinen Gott mehr; es ist nirgends mehr ein Gott zu sehen. Hölderlin hatte diese Gedanken anders gefaßt; doch waren es die gleichen Gedanken, die ihn beschäftigten. Sie können nicht mehr verschwiegen, sie müssen ausgesprochen werden. Und die frömmsten Menschen sind es, die sie aussprechen. „Da es keinen Gott mehr gibt", sagt Nietzsche, „ist die Einsamkeit nicht mehr zu ertragen: der hohe Mensch muß ans Werk." An welches Werk? Es ist die Zertrümmerung der Idolwelt, an die er sich zunächst macht.

Der Übermensch erscheint dort, wo der Mensch keinen Sinn mehr hat. Er ist der Mensch, der es aushält, in einer Welt ohne Sinn zu leben. Er ist stark genug dazu. Das Zerbrechen der alten Wert- und Rangordnung zerbricht ihn nicht. Er gibt sich selbst seinen Rang und Wert. Alle moralischen Urteile sind „Urteile über Mittel zu Zwecken." Aber diese „Gütertafel" ist zerbrochen, ist widerlegt. Alles ist wieder im Flusse. Erinnern wir uns hier daran, daß die ewige Wiederkehr und der Übermensch aufeinander bezogen sind, daß sie sich entsprechen. Dort wo der Fluß der Wiederkehr am stärksten ist, dort tritt der Übermensch auf. Er ist nicht der starre Despot eines ebenso starren Herrschaftssystems, er ist der Mensch des höchsten Überflusses, ist der Gipfel des dionysischen Werdens. Er steigt aus dem Chaos herauf. Er wird geschaffen, „nachdem wir die ganze Natur auf uns hin gedacht, denkbar gemacht haben." Er ist ein „erdachtes Wesen." Nietzsche erdenkt und erschafft ihn. „So werfe ich Anker auf offenem Meere und sage: „Hier sei einst die Insel des Übermenschen!" Der „Vorteil des Übermenschen" besteht darin, daß die Liebe gegen ihn nicht befohlen zu werden braucht. Er ist das uns ganz verwandte, erdachte Wesen, das wir frei lieben können. Und ohne ihn ist das Leben nicht wieder zu wollen. Auf den Übermenschen zielt die Sehnsucht aller Liebenden. „Wir müssen ein Ziel haben, um dessentwillen wir uns alle einander lieb haben! Alle sonstigen Ziele sind vernichtenswert!"

DER SCHAUSPIELER

Das Problem des Schauspielers ist ein so zentrales, daß Nietzsche die ganze Erörterung über den Nihilismus daran hätte anknüpfen können. Er hat das nicht getan, hat die Bewegung thematisch und nicht personal dargestellt; auch hat er den Schauspieler nicht in die Mitte des Geschehens gestellt. Der Schauspieler umfaßt aber den gesamten nihilistischen Bereich; die Problematik eines Willens zur Macht, der in den Nihilismus umschlägt, ist an ihm zu studieren. Ihn müssen wir uns daher zu Gesicht bringen. Lassen wir ihn außer acht, bleibt er in der Untersuchung unberücksichtigt, so bleibt die Bewegung unverständlich. Es fällt aber sogleich Licht auf sie, wenn wir die Rolle, welche der Schauspieler in ihr spielt, einsehen. Wer dieser Schauspieler ist, wie wir ihn sichtbar machen, ist die erste Frage, die sich stellt. Die Interpretation des Nihilisten im „Willen zur Macht" lautet: „Ein Nihilist ist der Mensch, welcher von der Welt, wie sie ist, urtheilt, sie sollte nicht sein, und von der Welt, wie sie sein sollte, urtheilt, sie existiert nicht." Eine so bündige Interpretation des Schauspielers hat Nietzsche nicht gegeben; sie würde lauten: ein Schauspieler ist der Mensch, der das darstellt, was er nicht ist, und das ist, was er nicht darstellt.

Wer ist Schauspieler? In der Antike zunächst eine Art Mensch, die sich im dionysischen Bereich befindet und finden läßt. Denn hier haben wir ihn in seinen heitersten und schönsten Anfängen zu suchen, als Teilnehmer des dionysischen Festes, als Repräsentanten dieses Festes, als eine festliche, am Feste mitwirkende Art Mensch. Er ist es, der zum Schmucke dieses Festes viel beiträgt. Der Gott verwandelt sich; Ausdruck dieser Verwandlung ist das Fest, ist die Maske. Wir können den Schauspieler zurückverfolgen bis in die dionysischen Dithyramben-Chöre, in denen sich der Chorführer vom Chore ablöst, sich ihm gegenüberstellt. Aus dem dionysischen Wesen und seiner Festlichkeit geht das antike Theater hervor, Satyrspiel, Tragödie, Komödie, eine erdichtete, eingebildete fingierte Welt. Von allem Anfang an gehört der Schauspieler zum Fest, also auch zur Bühne, die in das dionysische Fest eingebaut ist, auf der er agiert. Im mythischen Bereiche liegt sein Ansatz. In der Welt der Verwandlungen werden wir ihn von da an immer wieder finden; hier ist er zu Hause, hier fühlt er sich heimisch. Er streift, er wandert, er zieht mit seiner Kunst umher, er folgt dem Festzug.

Die Frage ist: ist der Schauspieler selbst ein sich Verwandelnder, ein Verwandelter, oder ahmt er die Verwandlung nur nach? Er ahmt nach; seine Kunst ist eine reproduzierende. Er macht sich zum Mittel einer von ihm nachgeahmten Wirklichkeit. Seine Mimik, sein Kostüm sind Maske, wie die Maske selbst, die er im antiken Theater vor dem Gesicht trägt. Er ist ganz Maske. Er ist nicht Typus, sondern Darsteller und Nachahmer des Typus. Wird daran streng festgehalten, so heißt das zugleich, daß auf seine Individualität wenig oder nichts ankommt. Sie wurde daher bei den Griechen durch Kothurn, Maske, Schallverstärker für die Stimme beseitigt. Die Vermummung, das Unkenntlichmachen gehört schon zu den ältesten Dionysosfesten, bei denen das Gesicht mit Trestern beschmiert oder mit Kränzen von Weinlaub, Eppich, Efeu und Leinwandlappen verhüllt wird. Die Vermummung gehört wie die Verwandlung zum Wesen des Gottes, wird daher als heiliger Brauch geübt und setzt sich in den Theatermasken fort.

Diese sind im älteren Theater genaue Abbildungen einer mythischen Wirklichkeit und werden im neueren attischen Lustspiel mit seinen festen Figuren zu stehenden Masken, die im Fundus jeder Schauspielergesellschaft vorrätig waren. Auch hier wird das Individuelle beiseite gelassen, doch nähert man sich ihm durch Charakterisierung. Dort, wo in der Polis die Typenbildung intakt ist, steht der Schauspieler außerhalb der Typenbildung. Er ist kein Typus, sondern der Nachahmer des Typus. Er bleibt auf das Theater, die Bühne, das Fest beschränkt. Der echte Schauspieler ist immer nur im Umkreis des Festes zu finden. Wo der Einzelne sich vom Typus loslöst, wo die Masse sich bildet — beide Vorgänge gehören zusammen — dort stellt auch der Schauspieler keinen Typus mehr dar. An diesen Vorgang knüpfen sich merkwürdige Folgen. Der Schauspieler bleibt nicht mehr das, was er war. Er begnügt sich nicht mehr mit der Bühne, mit dem Theater, in dem er nachahmt und eine fingierte Wirklichkeit darstellt. Er verläßt die Bühne, er betritt jetzt die Welt, um sie zum Theater zu machen. Genauer gesprochen: außerhalb des Theaters, außerhalb des Festes entsteht eine neue Schicht von Schauspielern. Dieser neue Schauspieler ist plötzlich überall; jeder ist Schauspieler. Jeder stellt das dar, was er nicht ist; jeder ist das, was er nicht darstellt. Dieser Vorgang bleibt unverständlich, wenn er nicht als die Folge des Zerbrechens einer alten Rang- und Wertordnung gefaßt wird. Eine alte Zuverlässigkeit geht verloren. Es kommt zu einer neuen Bewegung; die Situation des Menschen in dieser ist die Bodenlosigkeit. In der Bodenlosigkeit aber gewinnt der Schauspieler eine dominierende Stellung.
Nietzsche hat den Schauspieler mit Aufmerksamkeit und wachsender Unlust betrachtet. „Man geht mit Schauspielern um, und tut sich viel Zwang an, um auch da zu ehren. Aber nie-

mand versteht, inwiefern es mir hart und peinlich ist, mit Schauspielern umzugehen." Welcher Schauspieler ist hier gemeint? Derjenige, der das nicht mehr ist, was er war. Derjenige, der nicht mehr Teilnehmer des dionysischen Festes ist, sondern der Überall und Nirgendwo der nihilistischen Aktion, in deren Führung er sich immer sichtbarer vorschiebt. Im „Zarathustra" wird diese Situation mit den folgenden Sätzen beschrieben:

„Wo die Einsamkeit aufhört, da beginnt der Markt; und wo der Markt beginnt, da beginnt auch der Lärm der großen Schauspieler und das Geschwirr der giftigen Fliegen. In der Welt taugen die besten Dinge noch nichts, ohne Einen, der sie erst aufführt: große Männer heißt das Volk diese Aufführer. Wenig begreift das Volk das Große, das ist: das Schaffende. Aber Sinne hat es für alle Aufführer und Schauspieler großer Sachen.

Um die Erfinder von neuen Werten dreht sich die Welt: — unsichtbar dreht sie sich. Doch um die Schauspieler dreht sich das Volk und der Ruhm: so ist es „der Welt Lauf."

Geist hat der Schauspieler, doch wenig Gewissen des Geistes. Immer glaubt er an das, womit er am stärksten glauben macht, — glauben an sich macht.

Morgen hat er einen neuen Glauben und übermorgen einen neueren. Rasche Sinne hat er, gleich dem Volke, und veränderliche Witterungen.

Umwerfen — das heißt ihm beweisen. Toll machen — das heißt ihm: überzeugen. Und Blut gilt ihm aller Gründe bester. Eine Wahrheit, die nur in feine Ohren schlüpft, nennt er Lüge und Nichts. Wahrlich, er glaubt nur an Götter, die großen Lärm in der Welt machen!

Voll von feierlichen Possenreißern ist der Markt — und das Volk rühmt sich seiner großen Männer: das sind ihm die Herrn der Stunde.
Aber die Stunde drängt sie: so drängen sie dich. Und auch von dir wollen sie Ja oder Nein. Wehe, du willst zwischen Für und Wider deinen Stuhl setzen?"
Diese Worte in dem Kapitel „Von den Fliegen des Marktes" sind nicht nur rückverweisend, nicht nur auf die Gegenwart bezogen, sie gehen auf die Zukunft und sind prophetisch. Dieser Schauspieler, der zur Fliege, zum Markte in Beziehung gesetzt wird, ist nicht der Schüler des Thespis mehr; er agiert in einem anderen Raume, mit anderen Mitteln, zu anderen Zwecken. Was es damit auf sich hat, tritt deutlicher hervor im Kapitel „Von der verkleinernden Tugend". Zarathustra, der das Volk durchschreitet und beobachtet, sagt:
„Einige von ihnen sind echt, aber die meisten sind schlechte Schauspieler.
Es gibt Schauspieler wider Wissen unter ihnen und Schauspieler wider Willen — die Echten sind immer selten, sonderlich die echten Schauspieler.
Des Mannes ist hier wenig: darum vermännlichen sich ihre Weiber. Denn nur wer Mannes genug ist, wird im Weibe das Weib — erlösen."
Noch deutlicher ist eine Stelle im „Willen zur Macht". Die Frage für Nietzsche ist hier: „ob man echt oder nur Schauspieler, ob man als Schauspieler echt oder nur ein nachgemachter Schauspieler, ob man ‚Vertreter' oder das Vertretene selbst ist. Was heißt das? Echt ist zunächst der Mensch des Typus. Unecht ist derjenige, der den Typus nachahmt, denn er ahmt das nach, was er nicht ist, deshalb auch nicht werden kann. Der Mensch des Typus ahmt dort, wo er nachahmt, den Typus, ahmt sich selbst nach; er ahmt das nach, was er ist

und wird. Der echte Schauspieler ist der geborene Schauspieler, der Schauspieler dem Metier nach, aus Profession und Passion, aus Instinkt und Leidenschaft. Er ist der Schauspieler, der die Bühne nicht verläßt, der den Bereich des dionysischen Festes einhält. Der nachgemachte Schauspieler ahmt den echten Schauspieler nach, und dabei kommt nichts heraus. Ihm begegnet man überall, denn in einer Gesellschaft ohne Typen, in der die Einzelnen Ausnahmen sind, wimmelt es von nachgemachten Schauspielern. Auf diesen Trieb zum unechten Nachahmen und Nachmachen ist jetzt alles eingerichtet, alles eingestellt; alle Reklame, alle Propaganda sind auf dieses Nachmachen berechnet. Der Vertreter ist eine Spezies des nachgemachten Schauspielers, eine ebenso häufige wie billige Spezies, die in einer Zeit, wo nur wenige sich selbst vertreten, aber einer den anderen und der andere den einen, wo man durch Vertreter versichert und rückversichert wird, sich ungeheuer vermehrt. Es ist ein Kennzeichen des Menschen, der nicht mehr spontan und aktiv agiert, sondern nur auf Aktionen reagiert, daß er überall Vertreter braucht, und ein Kennzeichen des Vertreters, daß er, um agieren zu können, die Reaktionen braucht. Die Masse wird von nachgemachten Schauspielern beherrscht und bedient.

Halten wir an der Unterscheidung zwischen echtem und nachgemachten Schauspieler fest, so läßt sich leicht erkennen, daß die echten Schauspieler nur eine winzige Minorität ausmachen, daß sie durch die nachgemachten Schauspieler mehr und mehr in die Enge getrieben werden und ins Gedränge kommen. Wo immer wir auf den echten Schauspieler stoßen, dort ist noch etwas von der alten Festlichkeit des Lebens, dort spüren wir die Heiterkeit des Festes und werden selbst erheitert. Der echte Schauspieler verleugnet seine Herkunft vom dionysischen Fest nicht, er verleugnet sich selbst nicht. Er will nichts als Schauspieler sein. Der nachgemachte Schauspieler verleugnet sich als Schauspieler, er will nicht als Schauspieler angesprochen werden. Er ist ein Mensch ohne Festlichkeit; er wirkt grau, schäbig und abgenutzt. Er ist das Produkt jenes Vorganges, durch den der Mensch aus der Typenordnung herausfällt, in die Masse hineinfällt. Nicht nur die Bewegung, an der der nachgemachte Schauspieler und Vertreter mitarbeiten, hat etwas Abnutzendes; sie selbst haben keine Frische, haben etwas Abgenutztes. Dieses Vernutzende und Vernutzte, dieser Mangel an Lebendigkeit und zugleich die vorgetäuschte, vorgespiegelte Lebendigkeit, die mit Beschleunigung der mechanischen Bewegung Hand in Hand geht, ist ihnen eigentümlich. Welcher Mittel bedient sich der nachgemachte Schauspieler, um sich durchzusetzen, um sich in Führung zu bringen? Aller, denn für ihn ist alles Mittel geworden; seine Mittel sind Rollen, seine Rollen Nachahmungen. Er wird überall attrapiert inmitten von Attrappen. Psychologie — das ist die Summe der Verfahren, die ausgearbeitet und angewandt werden, wo der nachgemachte Schauspieler dominiert. Wo der Typus unversehrt ist, dort bedarf es keiner Psychologie, denn man kennt sich, man weiß, wer der andere ist. Wo der Typus fehlt, dort kommt jener Schauspieler obenauf, den Nietzsche den nachgemachten Schauspieler nennt. Das Kennzeichen einer solchen Situation ist, daß die alte Rang- und Wertordnung als Gebäude zunächst fortbesteht, daß aber die Träger nicht mehr da sind, daß die Menschen verschwinden, die ihr einen Sinn geben. Das ist die Anfangssituation, innerhalb deren der Nihilismus sich entfaltet, in die er sich einnistet. Der Schauspieler als Nihilist — und umgekehrt. Zunächst schließt man Kompromisse und kompromittiert sich dabei. Es hat sich etwas verbraucht — die Vorbedingung aller Gemeinheit, aller Vulgarität. Der Typus ist nicht mehr da, an seiner Stelle zeigen sich überall die Nachahmungen, die nachgemachten Schauspieler, und diese Nachahmungen müssen immer geringer, immer billiger werden. Man stößt auf den Christen, der kein Christ mehr ist, auf den Schauspieler der christlichen Rang- und Wertordnung. Es gibt keine Könige mehr, wohl aber Schauspieler, die sich auf die Rolle des Königs, und Könige, die sich auf die Rolle des Schauspielers verstehen. Und so in infinitum. Der Typus bringt Ordnung in Menschen und Dinge. Der nachgemachte Schauspieler ordnet nichts und nutzt und vernutzt nur, was von der alten Rang- und Wertordnung noch da ist; er nutzt und vernutzt es als Requisit, Kostüm, Maske. Kulisse. So aber läßt sich nur auf kurze Zeiträume wirtschaften.

Wo der Typus unversehrt ist, gibt es keine Ideologie. Wo heiles Volk ist, gibt es keine Ideologie. Das ist ein untrügliches Kennzeichen des heilen Typus; er kennt die Ideologie nicht, er hat sie nicht nötig, braucht sie nicht. In einer so unreinen Luft wie der ideologischen könnte er gar nicht leben, gar nicht gedeihen. Der Schauspieler-Ideologe erfindet sie, denn sie gehört zu seinem Lebensbedürfnis, gehört zu seinem Konsum. Der ideologische Nihilismus beherrscht das neunzehnte Jahrhundert und sucht alles in seine Systeme zu zwingen. Der Anarchismus ist gröber, ehrlicher, ungeschminkter, ungeistiger; er sucht noch auszubrechen. Aber er ist nur eine Spezies des Nihilismus, der die Direktion angibt.

Die extremen Theorien sind samt und sonders Zeugnis dafür, daß der Konsumtionsvorgang sich verschärft. Man wird offener, brutaler, „ehrlicher", weil man es nötig hat. Der Mangel drängt nach, da können keine Flausen mehr gemacht werden. Die ökonomische Situation wird wichtig; es gibt überhaupt keine andere mehr. Der Materialismus macht sich breit und wird dialektisch. Die soziale Frage beherrscht den Vordergrund. Alle Extremisten, alle Radikalen sind Schauspieler. Die feineren, tieferen Artisten ziehen sich nun zurück, gesellen sich zu den Einzelnen. Zweite Phase, in der gewisse Fortschritte erzielt werden.

Plötzlich erscheint alles wie vergiftet. Es ist, als ob ein großer, unauffindbarer Kadaver die Luft verpestet. Angst, Haß, Mißtrauen beginnen rapid zu wachsen. Die Vertrauensfrage wird immer wieder gestellt, die Suche nach Verantwortlichen, nach Schuldigen beginnt. Die Verantwortung wird im Kreise umhergeschoben. Darin liegt ein Merkzeichen, daß der nachgemachte Schauspieler sich der Positionen bemächtigt, daß er die Führung in die Hand nimmt. Das akkusatorische Denken verschärft sich mehr und mehr; neue Verfahren und Methoden werden ausgearbeitet. Sie sollen den Verdacht vertiefen, erweitern. Sie stellen alles in Frage. Der Schauspieler versteht sich auf alles Tiefe, das heißt auf die Rollen des Tiefen, er spielt sie nebeneinander und nacheinander. Er demaskiert nun, er enthüllt, er reißt Larven ab, ein artiges Spiel, wenn hinter diesen Masken und Larven immer neue sitzen.

Dann aber hebt sich der Schleier vor diesen rhetorischen Vorgängen, in denen so viel Verstellung, Ekel und Selbsthaß ist, in denen jeder sich zum Staatsanwalt des anderen aufwirft. Die nackte Brutalität bricht hervor. Die in den Augen schon lange funkelnde Mordlust geht ans Werk.

DIE MASSE

Wenn in einer Gesellschaft der Prozeß der Typenbildung nicht mehr intakt ist, wenn es ihr nicht mehr gelingt, den Typus rein hervorzubringen — was geschieht dann? Es kommt zu einer Erschütterung, die ins Fundament geht, es kommt zur Revolution, zur Beseitigung der Typenordnung, zu einer typenfreien Gesellschaft, zur bürgerlichen Gesellschaft, wie sie in der französischen Revolution auf dem europäischen Kontinent ans Ruder kam. Wo aber der Typus nicht mehr hervorgebracht wird, dort muß es zur Massenbildung kommen. Die Masse ist der Mensch ohne Typus, der Mensch, der in einer typenfreien Gemeinschaft lebt. Wenn wir die Bilder der großen abendländischen Malerei betrachten, wenn wir für die Zeit von Giotto bis Tiepolo jedes einzelne Gemälde und Blatt prüfen würden, dann würden wir in keinem einzigen Bilde die Masse finden, auch in denen nicht, in denen wir eine große Zahl von Menschen vereinigt sehen. Die Zahl selbst ist hier Typus, und der Rang dieser Bilder ist danach abzumessen, mit welcher Kraft und Reinheit sie den Typus zur Darstellung bringen.

Was aber wird an die Stelle des Typus gesetzt? Nichts anderes als die Einebnung der Gefälle, als der Prozeß der Nivellierung. Diese Einebnung der Gefälle schafft nun die Kraft für allen Fortgang des Lebens, das heißt die Nivellierung muß schärfer und schärfer betrieben werden. Das Gefälle setzt eine Differenz voraus; sie gilt es zu erfassen. Herrschendes Prinzip wird nun die Gleichheit, das eigentlich dynamische Prinzip, solange an der Einebnung der Gefälle gearbeitet wird. Die Typenordnung hatte etwas Statisches, das mit ihrem Falle fortfiel; jetzt beginnt ein Dynamismus, der immer stärker um sich greift, dem sich bald absehen läßt, daß er elementar arbeitet. Das Produkt dieser dynamischen Bewegung ist die Massenbildung. Wo kein Gefälle ist, dort entsteht Masse. Immer zwingender tritt die Bewegung im technischen Bereich hervor und entfaltet sich in ihm zu einer automatisierten Mechanik. Der Fortschritt in der Mechanik wird für den Beobachter erst dort zu einem tiefen und aufschlußreichen Phänomen, wo er ihn mit der fortschreitenden Massenbildung in Verbindung bringt. Die Mechanik setzt den maschinellen Zug voraus, der in der Masse steckt. Die automatisierte Mechanik setzt einen Automatismus im Menschen voraus. Das Kennzeichen des Automatismus ist aber nicht nur die mechanische Wiederholbarkeit bestimmter Vorgänge, sondern auch die schnellere Selbstvernutzung der Automaten. Es sind vernutzende Vorgänge, mit denen wir uns jetzt befassen müssen. Der Prozeß, welcher die Einebnung der Gefälle betreibt, steuert auf ein Niveau zu, das er mit allen Mitteln zu erreichen versucht. Die Energie, mit welcher er fortschreitet, wird faßlicher, wenn wir erwägen, daß in der Nivellierung die Mittel und Reserven liegen, die unter allen Umständen erfaßt und vernutzt werden müssen, die dringend benötigt werden, um die Nivellierung fortzutreiben. Je größer das Gefälle ist, desto schneller ist die Bewegung, desto größer ist ihre Kraft. Diese disponible Kraft, die alles Mühlenwesen treibt, muß genutzt werden. Und je weiter die Einebnung der Gefälle gedeiht, desto radikaler müssen die Methoden der Vernutzung werden, desto brutaler wird der ganze Prozeß fortgetrieben. Er wird wissenschaftlich vorbereitet, ökonomisch gerechtfertigt, technisch ins Werk gesetzt. Über seine Notwendigkeit herrscht bald ein consensus omnium. Deutlicher wird nun, daß das angestrebte Ziel (das Niveau) ein Minimalzustand ist. Es kann nur ein Minimalzustand sein weil in den Prozeß mehr hineingesteckt wird, als er hervorbringt. Das lehren die Sätze der Thermodynamik. Wer mehr erwartet, der glaubt an ein Wunder. Wir müssen uns das ganz klar machen und von den anfeuernden Illusionen der Nutznießer absehen, denn diese Illusionen entstammen entweder der Gedankenlosigkeit oder dienen der Verschleierung und Einnebelung. Der Nivellierungsprozeß ist ein ungeheurer Ausbeutungs- und Konsumtionsprozeß. Er fordert ein Maximum an Konsum und bringt unglaublich wenig hervor, weniges nämlich, was nicht sogleich wieder dem Konsum dient. Der Angriff auf alle Bestände wird deshalb ganz radikal geführt; der Radikalismus aller Schattierungen ist nicht mehr und nicht weniger als eine Verbraucherlogik, ein „ôte toi de là que je m'y mette". Der Verzehr wird um so enormer, je mehr die Bewegung sich dem Niveau nähert, denn desto weniger Gefälle sind dann noch vorhanden und können ausgenutzt werden. Das ist der Zeitpunkt, in dem die Organisation als Allheilmittel erscheint, in dem sie wie der Stab Moses Quellen schlagen soll. In Wahrheit ist sie das untrügliche Kennzeichen furchtbarer Verarmung; sie preßt die letzten Rückstände an Saft aus Menschen und Dingen. Organisation ist hier die Summe der Maßnahmen, welche die Nivellierung dem Niveau zusteuern.

An dieser Stelle fragen wir, wie weit Nietzsche den Vorgang vorausgesehen hat, mit welchen Mitteln er auf ihn einzuwirken versuchte. Es waren zuerst retardierende Mittel, die ihm in den Sinn kamen, verzögernde und hemmende. Diese aber konnte er nur anwenden, solange er sich nicht von der Unvermeidlichkeit des Prozesses, von seiner Unaufhaltbarkeit überzeugt hatte. Er erkannte, daß mit Verzögerungen nichts getan

sei, und nun wurde es sein Bestreben, den Vorgang zu beschleunigen, ihm einzuheizen, an Vehemenz zuzulegen und seinem Niveau so rasch wie möglich zuzuführen. Sein Denken wird selbst von dem Dynamismus ergriffen, der um ihn mit erhöhter Kraft zu arbeiten begann. Indem er aber die Gesamtbewegung beschleunigt sehen wollte, war er sich zugleich darüber im klaren, daß sie nur ephemer sein konnte und auf die unausbleibliche Katastrophe hinarbeitete. Er begriff die „tiefe Unfruchtbarkeit" des neunzehnten Jahrhunderts. Diese Unfruchtbarkeit zu erkennen, war nicht leicht; der Schein des Überflusses täuschte auch die guten Köpfe. In dem Augenblick, in dem eine Typenordnung zerbricht, wird eine Fülle von Begabungen frei, die bisher gebunden waren. Eine Fülle von Chancen zeigt sich am Anfang der Bewegung. Dieser Anfang ist der Zeitpunkt der Ergiebigkeit; die Methoden sind neu, die Mittel stehen reichlicher zur Verfügung. Das Zehrende dieser Methoden tritt erst später hervor; was mit 'hnen zugesetzt wird, lehrt erst das Ende. Ein stattliches Erbe kann noch verwirtschaftet werden, ehe die Einbuße sichtbar wird. Auch die Böden werden erst in dem Verhältnis magerer, in dem sie überanstrengt werden. Und es ist — in jedem Bereich — noch viel Boden da. So nimmt man denn, wie der kapitalistische Anfang der Bewegung lehrt, das Plündern und Rauben niemandem übel. Der Geruch der brutalen und lärmenden Geschäftigkeit haftet diesem Treiben zwar von Anfang her an, doch wirft sie etwas ab, deshalb kneift man beide Augen zu. Der Erfolg ist ein Maßstab, so ehrt man denn die erfolgreichen Ausbeuter, die in Gestalt von Kaufleuten, Industriellen, Ingenieuren, Erfindern hervortreten.
Nietzsche hielt am Typus fest, aber er sah auch, daß eine neue Rang- und Wertordnung in der Gegenwart, in seiner Gegenwart nicht verwirklicht werden konnte, daß die Auf-

lösung erst beendet werden mußte. Zarathustra ist deshalb glücklich darüber, daß der Kampf der Stände beendet ist; sein Haß auf das Nivellierungssystem ist nur vordergründig. Denn er sieht in ihm ein Mittel zum Zweck; es leistet die unerläßliche Vorarbeit. Die Rückkehr zur Typenordnung ist unmöglich. Zunächst ist die Zeit für eine Rangordnung der Individuen gekommen. Diese Formulierung aber ist nicht genau genug. Nietzsche unterscheidet hier nicht scharf genug zwischen dem Einzelnen und dem Individuum. Der Einzelne ist der Mensch, der sich wie die Masse vom Typus löst. Genauer noch ist von ihm zu sagen, daß er sich nicht nur vom Typus, sondern zugleich auch von der Masse loslöst. Der Einzelne und die Masse stehen sich jetzt gegenüber, nicht subordiniert oder koordiniert, sondern geschieden. In dieser Scheidung liegt die Kraft der Einzelnen, die eine immer winziger werdende Minorität ausmachen, welche der Gesamtbewegung nicht folgt. Der Einzelne ist nicht der Führer der Massen; diese Führung hat der nachgemachte Schauspieler übernommen. Das Individuum aber ist nicht wie der Einzelne, wie die Masse geschichtlich bestimmt, hat überhaupt keine geschichtlichen Aufgaben. Es ist atomistisch und zerfällt, ist Bodensatz oder gehört dem Reiche der Zoologie an.
Die entscheidenden Stellen im „Willen zur Macht" sind die folgenden: eine „extreme Bewegung in Hinsicht auf Tempo und Mittel" ist zu konstatieren, „das Schwergewicht des Menschen" verlegt sich. Gegen die „Exzentrischen" (die Radikalen) und den Pöbel verbinden sich die „Mediokren", die Mittelmäßigen und Gediegenen. Ihre Aufgabe ist es, die retardierenden Kräfte um sich zu sammeln; sie verzögern. Sie suchen die Spitze der Bewegung abzustumpfen, ihr den Stachel zu nehmen. Die Wissenschaftler, die Großfinanzleute, die Juden gehören zu diesen konservierenden Mächten, überhaupt

alle Liberalen, denn liberal ist nur ein Wort für mittelmäßig. Nietzsche fragt an dieser Stelle nicht, wie lange sich die Verzögerer gegen die Bewegung halten; er geht zu Feststellungen von der größten Bedeutung über. Er erkennt den konsumierenden Charakter der Bewegung und kennzeichnet ihn als einen „immer ökonomischeren Verbrauch von Mensch und Menschheit". Es kommt zu einer „immer fester ineinander verschlungenen ‚Maschinerie' der Interessen und Leistungen." Der ganze Prozeß der Anpassung und Abplattung führt, wie er folgert, zu einer „Art Stillstands-Niveau" des Menschen. Es entsteht nun ein ungeheures Räderwerk von immer kleineren, immer feineren Rädern, eine Maschinerie, die als Ganzes von ungeheurer Kraft ist, deren einzelne Faktoren aber „Minimal-Kräfte, Minimal-Werthe" darstellen. Diese „Gesamtmaschinerie", die „Solidarität aller Räder" stellt ein „Maximum in der Ausbeutung des Menschen" dar. Der „ökonomische Optimismus" wächst, er wächst mit den „wachsenden Unkosten". Aber etwas Gegenteiliges ist der Fall: „Die Unkosten aller summieren sich zu einem Gesamt-Verlust: der Mensch wird geringer: — so daß man nicht mehr weiß, wozu überhaupt dieser ungeheure Prozeß gedient hat." Diese Bemerkungen sind von einer wunderbaren Hellsichtigkeit, denn sie umfassen, durchdringen, resümieren den technischen Gesamtprozeß, und zwar in einem Zeitpunkte, in dem er erst anzulaufen beginnt, in einem Zeitpunkte, in dem der größte Optimismus ihn begleitet. Nietzsche sieht voraus, daß dieser Gesamtprozeß den Menschen in Mitleidenschaft zieht, daß er in ihm verkümmern muß. Aus diesem Verlaufe schließt er auf die Notwendigkeit einer Gegenbewegung, als deren Träger er den Übermenschen bezeichnet. Denn das autonome Streben der Technik ist ein Unding und führt zu einem Zustande, in dem man gar nicht mehr weiß, „wozu überhaupt dieser ungeheure

Prozeß gedient hat." Das heißt aber: er verliert den Sinn, den man in ihn hineingesteckt hat und in ihm fand, er wird unverständlich. Er führt zu einem Zustande, in dem die Sklaverei allgemein wird. Erst dann, wenn die Gegenbewegung durchdringt, bekommt die „machinale Existenzform" wieder eine eigene Nützlichkeit, bekommt einen Sinn.

Halten wir hier zunächst ein. Der Nivellierungsprozeß bewegt sich mit starkem Gefälle auf ein Niveau zu. Dieses Gefälle ist dort am stärksten, wo die Differenzen am größten sind. Je weiter die Annäherung an das Niveau fortschreitet, desto geringer wird das Gefälle. Die Gleichheit erscheint zunächst als Prinzip, welches der Einebnung dient. Sie ist der abstrakte Grundsatz, der die revolutionäre Arbeit leistet; ihre Leistung ist die Beseitigung des Typus. Und ihr entspricht der ebenso abstrakte Grundsatz der Einheit, der Einförmigkeit. Die Gleichheit realisiert sich mehr und mehr, sie ist da, sie zeigt sich in einer weitgehenden Einförmigkeit des Menschen, in seiner Gleichförmigkeit. Diese Gleichheit (aequalitas) ist, wie sich versteht, keine vollkommene, keine identitas indiscernibilum; sie ist der jeweilige politische status, in dem die Masse sich befindet, Dynamisch gesehen ist sie das Prinzip, welches die Massenbildung vorantreibt. Es ist leicht einzusehen, daß der Nivellierungsprozeß aufhören muß, wenn der Minimalzustand erreicht ist, denn der Minimalzustand ist nichts anderes als die zu Ende gedachte und in Wirklichkeit umgesetzte Nivellierung. Hört die Bewegung damit schon auf? Ist sie jetzt beendet? Von der Nivellierung ließ sich noch zehren, ihr ließen sich die Kräfte entnehmen, um zum Niveau vorzudringen, hinabzukommen. Man lebte vom Gefälle. Aber diesem Niveau, diesem Minimalzustand ist nichts mehr zu entnehmen, in ihm läßt sich deshalb keineswegs ausruhen. Alsbald zeigt sich, daß er kein Kontinuum ist, daß man sich in ihm nicht einrichten kann. Er ist nur der Punkt, an dem alles umschlägt. Ist ein genügendes Quantum von Gleichheit erreicht, dann schlägt die Nivellierung um. Worin aber schlägt sie um, was geschieht jetzt? Es kommt zur Diktatur. Es kommt der tyrannus absque titulo, wie man ihn nennt, weil er nicht von Rechts wegen, kraft Vertrages, nicht als Äsymnet regiert, sondern kraft unmittelbaren Mandats der Massen, zu deren Schutzherrn er sich aufwirft, die ihn als ihren Schutzherrn anerkennen. Mit den Vorgängen, die zu einem solchen Umschlag führen, war schon Aristoteles vertraut; er warnte die Polis vor einem Zuviel an Gleichheit. Die Diktatur findet sich am Anfang der Bewegung (Jakobiner), um der Bewegung Raum zu schaffen. Sie tritt am Ende der Bewegung hervor, weil der Minimalzustand organisiert werden muß. Das Streben nach Gleichheit verwirklicht sich in einem Zentralismus, der zugleich horizontal und vertikal an der Arbeit ist. Denn die Gleichheit als horizontales Prinzip kann nur voran getrieben werden, wenn sie zugleich vertikal durchgebildet wird, natürlich nicht im Sinne einer Hierarchie, sondern maschinell, bürokratisch, organisatorisch. Indem durch die Nivellierung zunächst die Stände, dann die Parteien, dann die Klassen überflüssig werden, indem alle konstitutionellen Bestimmungen der Demokratie verschwinden, tritt mehr und mehr die uniforme, kompakte Masse hervor, der eine Tendenz zur Konzentration, zur Zusammenballung, zur Anhäufung auf engen Räumen innewohnt. Der Massenführer, der sich der Geschäfte jetzt bemächtigt, gehört zur Masse, ist primus inter pares. Er ist kein Einzelner, sondern Schauspieler. Die Masse kann nur durch einen Schauspieler wirklich vertreten und repräsentiert werden, wenn von Repräsentation in ihrem politischen Begriffe hier noch gesprochen werden kann. Ein Herrscher wie Nero erkannte das und nutzte seine Stellung dahin aus; er ging unter die Schauspieler, ein Akt der Prostitution, der ihn sehr populär machte. Die Masse reagiert nur auf den Schauspieler; er ist der einzige, der ihr Reaktionen zu entlocken vermag. Er ist das Ideal der Masse, ihr Idol und ihr Held. Er kommt nicht aus dem konsularen Zweige der Herrschenden, sondern aus dem tribunizischen. Er ist kein echter Herrscher, er ahmt die Herrschaft nur nach und stellt sie dar. Die Wahrheit ist, daß ein Interregnum eingetreten ist, welches zunächst durch Experimente ausgefüllt wird. Der Diktator ist von der Masse nicht unabhängig, durch seinen Willen nicht von ihr getrennt. Ohne die Masse wäre er nicht da. Er ist nur ein Werkzeug, ein Instrument von maschinell arbeitender Notwendigkeit, der gleichen Notwendigkeit, die wir an der Maschinerie wahrnehmen. Er folgt den Wiederholungen eines blind arbeitenden Elementarismus. Und der Minimalzustand, der durch die Nivellierung erreicht ist, zwingt ihn dazu, mit durchaus gewaltsamen Mitteln zu arbeiten. Was ihn fürchterlich macht, ist die Notlage, in der er sich befindet.

Wer den Überblick über die Gesamtbewegung nicht aus dem Auge verliert, der erkennt, daß der Minimalzustand nicht überall, nicht in allen Ländern zu gleicher Zeit erreicht wird. Denn die Hilfsquellen, die Ressourcen sind nicht überall gleich, deshalb unterscheiden sich auch die Notlagen. Der Weg vom Nivellierungsprozeß zum Niveau ist nicht überall von der gleichen Kürze. Es gibt Länder, die über reichere Böden und unerschlossene Fundstätten verfügen, Länder, denen unberührte Reservoire zur Verfügung stehen, aus denen sie schöpfen können. Der europäische Kontinent ist in einer ungünstigeren Lage als die anderen. Seine Armut aber bestimmt den geschichtlichen Prozeß und treibt ihn voran. Die Methoden der Arbeit und das Denken, das sie steuert, sind überall die gleichen. Wo der Minimalzustand erreicht wird, dort kommt es zum Umschlag. Ein hohes Quantum von Gleichheit führt notwendig zur Diktatur, in welcher die Masse keiner Repräsentation mehr bedarf, sondern sich mit ihrer Führung identifiziert (Prinzip der Identität). Solche Vorgänge sind zunächst Episoden. Warum? Der Nivellierungsprozeß ist planetarisch; der Minimalzustand, auf den hingearbeitet wird, ist ein planetarischer. Vorgriffe auf ihn, begrenzte territoriale Regulierungen versprechen Erfolg daher nur, wenn sie sich auf diesen planetarischen Minimalzustand schon einrichten, schon ausrichten. Enthalten sie Formeln, die ihm widersprechen, so bleiben sie ephemer und scheitern. Im Grunde, so stellt sich heraus, ist alles schon konsumiert, und die Organisation (Verteilung) das letzte verzweifelte Mittel, um einen erreichten Minimalzustand aufrechtzuerhalten. Dieses Mittel aber steigert den Konsum ins Unermeßliche. Oder anders ausgedrückt: der Konsumtionsprozeß erreicht jetzt gewaltige Kräfte. Er bleibt kein innerstaatlicher, nationaler mehr, er beginnt die Staats- und Nationalgefüge selbst einzudrücken, ein Vorgang, der mit den Weltkriegen beginnt. Hat man nach innen expropriiert, was zu expropriieren war, nach außen hin durch Kriege die Substanz bis zum letzten aufgebraucht, dann beginnt mit dem Zusammenbruch der Nationalstaaten der unverhüllte Imperialismus, der Kampf um die Erdherrschaft, der mit seinen perfekt gewordenen Mitteln, mit Hilfe einer automatisch gewordenen Technik den zentralen Vorgang der Ausbeutung steuert. Die schwächeren Konkurrenten werden aus der Führung der Bewegung ausgeschlossen, die Bewegung zentralisiert sich auf den Endkampf hin. Die Wucht dieses Vorganges ist ungeheuer, seine zentrifugale Kraft enorm, weil alle entgegenstehenden Kräfte beständig abgebaut, konsumiert, verzehrt werden. Diesen Vorgang bezeichnet, daß die Mittel der Zerstörung eine furchtbare Kraft gewinnen, die in genauem Zusammenhange mit dem Fortgang der Massenbildung steht.

Nietzsches Denken geht einen anderen Weg. Die Erwartung, die er auf den Menschen und seine Zukunft setzt, ist eine andere. Seine Konzeption des Willens zur Macht ist kein politischer Traktat; er geht mit der politischen Willensbildung nicht konform. Wenn er das getan hätte, hätte er nicht Erimit zu werden brauchen und sich nach Sils Maria zurückziehen müssen. Er hätte es dann einfacher gehabt. Ihm war zunächst der Nationalstaat fremd; er fühlte sich als europäischer Denker und bürgerte sich aus. Politik, insbesondere wenn sie Erfolg hatte, schien ihm eines der siegreichen Mittel der Verdummung zu sein, gefährlich für junge Leute, auf die sich Hoffnungen setzen ließen. Die Bewegung, die er anlaufen sah, hatte für ihn etwas von der blinden Kraft einer Lokomotive, die mit voller Fahrt gegen eine Felsenwand läuft. Den blinden Elementarismus der Bewegung kennzeichnet er durch folgende Bemerkung: „Verträge europäischer Staaten gelten jetzt genau so lange, als der Zwang da ist, welcher sie schuf. Das ist also ein Zustand, in welchem die Gewalt (im physischen Sinne) entscheidet und zu ihrer Konsequenz führt. Dies ist folgende: die Großstaaten verschlingen die Kleinstaaten, der Monstrestaat verschlingt den Großstaat — und der Monstrestaat platzt auseinander, weil ihm endlich der Gurt fehlt, der seinen Leib umspannte: die Feindseligkeit der Nachbarn. Die Zersplitterung in atomistische Staatengebilde ist die fernste noch scheinbare Perspektive der europäischen Politik. Kampf der Gesellschaft in sich trägt die Gewöhnung der Kriege fort." Diese Bemerkung hat etwas Verächtliches und klingt wie die eines Zuschauers, der einen wenig sinnvollen Vorgang betrachtet. Sie ist auf europäische Verhältnisse eingeschränkt, hat daher in Bezug auf die Gesamtbewegung nur ein lokales Interesse, enthält aber ein Modell der Gesamtbewegung. Diese strebt auf ein Gesamtniveau und den ihm eigentümlichen Minimalzustand zu. Die Frage taucht nun auf, ob dieses Niveau sich halten läßt, ob sich nicht unter dem Niveau ein neuer Minimalzustand auftut. Man muß das bejahen, weil es unvorstellbar ist, daß ein Sicheinrichten im Niveau gelingt. Das Niveau genügt sich nicht selbst, deshalb gibt es keine Möglichkeit, den Umschlag zu verhüten. Das aber heißt: jedes Niveau ist für die Bewegung nur eine Grenze von fiktiver Notwendigkeit, eine Grenze, die nur solange besteht, als sie noch nicht erreicht und berührt worden ist. Es ist nicht schwer, die Konsequenzen zu bemerken. Denn jetzt läßt sich erkennen, daß die Nivellierung auf einen Minimalzustand zugeht, der sich nicht halten läßt, der also einen neuen Nivellierungsprozeß in Gang setzt usw., bis die Bewegung aus Mangel an Mitteln sich erschöpft hat. Ihre Mittel aber erschöpfen sich, indem der Mensch sich in ihr erschöpft. Der Mensch, der sich in diese Bewegung hineintreiben läßt, der in sie hineingetrieben wird, der sie treibt, verkümmert auch in ihr. Er verliert an Wuchs, an Mächtigkeit, er wird geringer, auch merkt man ihm den Mangel und die Mangelerscheinungen immer deutlicher an. So wenig die Bewegung einen Überschuß und Überfluß abwirft, so wenig der Mensch, der in ihr aufgeht. Er wird vernutzt im Dienste der Interessen, ohne eine Spur zu hinterlassen, ohne der Zukunft ein Geschenk zu vermachen, bei dem sie sich seiner erinnert. Daß er sich dieser Bewegung fernhält, daß er sich nicht in sie hineinmischt und hineinmischen läßt, das kennzeichnet den solitären Menschen, der inmitten des immer wachsenden Tumultes auf eigenen Wegen bleibt. Die Signatur der Größe liegt nicht in der Fähigkeit, Massen in Bewegung zu setzen; sie „liegt im Anderssein, in der Unmittelbarkeit, in der Rangdistanz", nicht in Wirkungen, ob sie auch den Erdball erschütterten. Ist die Bewegung „ein Rückgangs-Phänomen im größten Stile", bei der der Mensch immer geringer wird, so liegt in der Umkehr der Bewegung das Heilmittel und die Zukunft des „höheren Menschen". Dieser „synthetische, summierende, rechtfertigende" Mensch gibt aller „Machinalisierung der Menschheit" erst einen Sinn, indem er sich über die machinalen Existenzformen erhebt und sie unter sich bringt. In einem solchen Menschen muß der Überfluß wieder zum Vorschein kommen, der in dem enormen Ausbeutungsprozeß ganz verloren gegangen ist. Die „Solidarität aller Räder" wirft nichts ab; sie vernutzt nur alles. Der hohe Mensch — das wird nun offenbar — ist nicht der Trommelschläger geschichtlicher Epochen, nicht der Beweger und Dompteur der Massen, nicht der Erzeuger der stärksten und lautesten Wirkungen. Darauf verstehen sich die Vulkane — welche von Nietzsche mit Abneigung betrachtet werden — besser. Die Erde bringt in ihrem Bauche noch größeren Lärm hervor. Der hohe Mensch ist der Mensch des Gebens, des Schenkens und Spendens. Der höchste Mensch ist der Mensch des größten Überflusses.

Die Masse ist Subjekt der geschichtlichen Bewegung, die nun in Gang kommt. Sie bestimmt durch ihr Dasein den Gang dieser Bewegung; sie ist der Anonymus, der dem Geschehen die Direktion gibt. Und sie ist zugleich Objekt dieser Bewegung, insofern sie leidet. Sie leidet stark. Und ihre Bestimmung ist es, das Opfer der von ihr ausgelösten Bewegung zu werden. Die Masse ist in einer variablen Bewegung von mechanischer Gesetzlichkeit. Geschichtliche und mechanische Bewegung treffen in ihr zusammen und laufen so miteinander, daß sich ein immer strengerer Automatismus herausbildet. Massenbildung und mechanischer Fortschritt sind identische Vorgänge. Der technische Fortschritt schreitet nicht länger fort als die Massenbildung selbst; er endet dort, wo sie ein

Ende hat. Die Grenzen der Massenbildung und des technischen Fortschrittes fallen genau zusammen. Diese Technik dort weiterzutreiben, wo keine Massen mehr sind, hat keinen Sinn. Eine solche Möglichkeit kann nur den beschäftigen, der noch nicht erkannt hat, daß die Technik nichts anderes ist als die Organisierung des Konsumtionsvorganges, durch den die Masse auf den Minimalzustand hingesteuert wird, daß also mit der Beendigung des Konsumtionsvorganges die technische Apparatur und Organisation, die ihm dient, überflüssig wird. Diese Feststellung ist so exakt wie eine mathematische Gleichung. In dem Augenblicke, in dem an irgend einem Punkte der Bewegung die Massenbildung aufhört, steht auch der technische Fortschritt still, die Fortbildung der Mechanik hört auf. Der Glaube an diesen Fortschritt ist nicht umsonst die Religion der Masse; sie ehrt in ihm den Nährvater, der für ihren Konsum sorgt.

„Der Grundglaube der Masse ist es, daß für nichts man leben müsse". Denn das „Parasitische ist der Grundkern der gemeinen Gesinnung." Mit anderen Worten: die Masse ist Konsument, sie parasitiert. Sie kommt nicht für sich selbst auf, sondern verlangt, daß andere für sie aufkommen, daß sie ernährt und erhalten wird. Diese Mittel verschafft sie sich durch den Nivellierungsprozeß, sodann durch die Organisierung des Minimalzustandes. Sie ist immer hungrig, und dieser Hunger wächst, wie sich versteht, mit der Annäherung an das Niveau. Ihr Grundglaube wird durch das „eudämonistisch-soziale Ideal" gestützt und genährt, dessen Zukunft für Nietzsche darin liegt, daß aus ihm der „ideale Sklave" hervorgeht. Der späte Nietzsche mit seiner Tendenz, den Nivellierungsprozeß zu beschleunigen und überall zu fördern, alles Mittelmäßige auch als Mittel zum Zwecke dafür anzusehen, ist doch zugleich davon überzeugt, daß eine Kriegserklärung an die

Masse notwendig ist. Hier beschäftigt ihn ein Unterschied, den er nicht bestimmt hat. Der mittelmäßige Mensch und der Mensch der Masse sind keineswegs derselbe. Mittelmäßigkeit ist ein immer vorfindbarer, notwendiger und qualifizierter Zustand. Mittelmäßigkeit ist aber kein Bestimmungsmerkmal für die Masse; diese hat kein eigenes Maß, deshalb auch kein mittleres. Die Mittelmäßigkeit will der späte Nietzsche nicht angreifen. Mit Recht, denn wohin sollte ein solcher Angriff führen? Mittelmäßigkeit ist ein honetter, ein durchaus ehrenwerter Zustand. Mit der Masse aber will er keinen Pakt schließen, offenbar schon deshalb nicht, weil sie keinen Pakt hält, weil sie von Natur aus vertragsbrüchig ist und immer nur der physischen Notwendigkeit folgt. Ihr soll der Krieg erklärt werden. Nietzsche wollte, daß die Masse verschwinde. Gewiß ging er davon aus, daß sie sich in eine neue Rang- und Wertordnung nicht einfügen lasse, daß sie nicht einmal das Substrat einer solchen Rang- und Wertordnung bilden könne. Soll aber die Masse verschwinden, dann müssen die zur Massenbildung führenden Faktoren verschwinden, sie müssen beseitigt werden. Um sie aber beseitigen zu können, muß die Notwendigkeit dieser Beseitigung erst eingesehen werden und sich fühlbar machen. Der Prozeß der Massenbildung muß erst auf seinen Gipfel kommen; ganz unerträgliche Zustände müssen vorausgehen. Die Bewegung nun, die als konsumierender Prozeß zu verstehen ist, läuft auf solche Zustände schnurstracks zu, das heißt sie konsumiert zuletzt die Masse selbst. Als der „Wille zur Macht" geschrieben wurde, als Nietzsche seine letzten Aufzeichnungen machte, war die Bewegung noch im Anfange. Von ihren Anfängen her hat sie Nietzsche betrachtet, von den Anfängen her hat er ihren Fortgang und ihr Ende zu erschließen versucht. Seine Diagnosen und Prognosen überraschen durch den unbestechlichen Scharfsinn. Dieser allein, der ja in der Welt auch auf kleinen Erwerb ausgeht und seine Mittel und Zwecke mit weitreichender Klugheit in sie einbaut, hätte solche Erkenntnisse nicht abwerfen können. Was Nietzsche auszeichnet, ist, daß er ein anderes Bild des Menschen hatte. Der Mensch, den er sah, war dieser Bewegung nicht zugeordnet, er führte über sie hinaus. Inzwischen ist die Massenbildung fortgeschritten. Der Mensch häuft und konzentriert sich in den Zentren der Ausbeutung, deren Nutznießer und Gegenstand er ist. Die Bevölkerungen vermehren sich; es kommt zu einem Zustande der Überbevölkerung. Aus ihm resultieren die Versuche, sich Luft zu machen, nach innen wie nach außen hin, denn es droht überall die Gefahr der Verkümmerung. Die Masse — der Mensch ohne Typus, der Mensch, dem der Typus abhanden gekommen ist — kehrt zum Element zurück. Die mechanischen Seiten der Notwendigkeit sind an der Masse sichtbar. Ihre Anhäufung, ihre formlose Zusammenballung erfolgt nach Gesetzen der Gravitation, ist die Folge mechanisch gewordener Bedürfnisse. Sie gleicht den Räderwerken, die man als erweiterte, kontinuierliche Hebel betrachten muß. Die Hebelgesetze lassen sich an ihr studieren. Ihre Labilität und Mobilität ist groß; ohne eigene spontane Bewegung zu besitzen, ist sie von großer Bewegbarkeit. Ihrer Wirksamkeit nach ist sie konsumierend; sie ist der größte Konsument, den die Erde hervorbringt. Sie ist das Produkt der fortschreitenden Nivellierung der Gefälle; dort, wo kein Gefälle mehr ist, setzt sich Masse ab. Wo das Gefälle endet, lebt der Mensch in der Differenzlosigkeit des Kollektivs. Das Kollektiv erscheint um so begehrenswerter, je größer es ist, je mehr es umfaßt. Solche Kollektive sind aber ihrer Bestimmung nach reine Konsumgenossenschaften und von konsumierenden Gedanken erfüllt; ihre Leistung liegt in der Organisation des Verbrauchs. Dieser wächst in dem Maße, in dem

sie Umfang gewinnen. So arbeiten sie denn, indem sie sich erweitern, auf ihr Zerbrechen hin, und indem sie alles einsaugen und einschlucken, nähern sie sich dem Punkte der größten Dürftigkeit, an dem sich mit ihren Aufgaben und ihrer Geschäftigkeit kein Sinn mehr verbinden läßt.
Der Mensch wird nun maschineller, da er mehr und mehr der Gesamtmaschinerie angepaßt wird. Damit eröffnen sich Perspektiven, die erwogen und durchdacht werden müssen. Gelänge es, den Menschen ganz zur Maschine zu machen, dann würde sich das Problem des Schauspielers lösen. Es würde dann keine Schauspieler mehr geben. Ließe sich der Mensch ganz in ein Netz mechanischer, funktionaler Reaktionen einspannen, dann würde sich zeigen, daß der Schauspieler in einer puren Mechanik keinen Platz mehr hat. Es würde in einer puren Mechanik auch keine Masse mehr geben. Ließe sich der Mensch so formen, könnte man gewisse Partien, die sich diesem Vorgang in ihm widersetzen, herausschneiden — das Bewußtsein seiner Freiheit nämlich — dann könnte man zu einer sehr exakt arbeitenden Apparatwelt kommen, die von einem Techniker und seinem Stabe gesteuert wird. Dieser Idealzustand aber ist nur in den kleinen Modellen der Fabrikwelt erreichbar; er scheitert im Großen daran, daß eine Apparatwelt ohne Masse unmöglich ist. Denn Masse und Apparatur gehören unabdingbar zusammen. Ein technischer Automatismus, der ohne die Masse arbeitet, ist ein Widerspruch in sich selbst. Hier liegen die Grenzen aller Rationalisierung und Rationalisierungs-Wünsche. Eine solche Konzeption hat nur deshalb Bedeutung, weil sie den Wunsch in sich schließt, der Massenbildung ein Ende zu machen, weil die Masse diesem Wunsche entgegenkommt.
Hat die Masse — so ist zu fragen — ein Schicksal? Ja, sie hat eine ihr eigentümliche Geschichtlichkeit, die im Ablauf des Ni-

vellierungsprozesses und in den Minimalzuständen sichtbar hervortritt. Ihr Gang durch die Geschichte aber begreift den Willen und Wunsch in sich, alle Geschichtlichkeit preiszugeben, sich aller Geschichtlichkeit zu entäußern. Sie ist der Mensch, der in die Geschichtslosigkeit, in die Schicksalslosigkeit zurückstrebt. Das ist das Endziel, über dem sie träumt, der Wunsch, den sie selbst nicht zu formulieren vermag. Das ist ihre tiefste, geheimste, ihrem Denken verborgene Sehnsucht. Geschichtslosigkeit, Schicksalslosigkeit — das ist das Endziel jedes „eudämonistisch-sozialen" Ideals. Denn dieses begreift den Wunsch in sich, allem Leiden endgültig ein Ende zu machen, alle Tore zu der Tragödie des Lebens für immer zu schließen. Deshalb führt der Weg der Masse über die Geschichtlichkeit zurück ins Element; in ihm will sie sich auflösen, sie stürzt sich wie der Zug der Lemminge ins Meer. Ihr blinder und mächtiger Elementarismus kennt zuletzt kein anderes Ziel als dieses: zurückzukehren, sich aufzulösen ins Element, sich in ihm wieder zu deformieren, die Last aller Form, aller geschichtlichen Bestimmungen abzuwerfen, in denen der Schmerz des Lebens steckt. Sie begreift das Leiden als sinnlos und möchte schmerzfrei leben. Darin äußert sich ihre Sehnsucht nach dem Tode, welcher ein reines Nichts für sie ist, darin ihre Sehnsucht nach allen euphorischen, anästhetischen, narkotischen Glückszuständen. An der Entfaltung der Mechanik und ihres Automatismus arbeitet diese Sehnsucht immer mit, denn in dieser leidensleeren Maschinerie möchte der Mensch selbst schmerzlos aufgehen; er verspricht sich von ihr die Erfüllung aller Wünsche. Er hofft, daß sie ihm seine Last abnimmt und wie ein Heer von stummen, gefügigen Sklaven für sein Wohlbefinden sorgt. Der unausrottbare Schmerz steckt noch in dem tiefen Bedürfnis nach Euphorie, von welchem die Masse erfüllt ist. Wer dieses Bedürfnis erkannt hat, wer es zu beschwichtigen, zu lindern vermag, der hat Macht über die Masse. Der Massenführer, der das eudämonistisch-soziale Ideal vertritt, muß Utopist sein, ein Vorspiegler aller Wünschbarkeiten, ein Schaupieler jener Ideale, in denen der Tod steckt, der Tod, nicht als Mitspieler des Lebens, das sich immer erfrischt, erneuert und verjüngt, sondern der Tod als Abschluß, als Ende, als finis rerum. Die Gefährlichkeit des Massenführers liegt darin, daß er unübersehbare, vernichtende Bewegungen entfesselt, Bewegungen, die über das geschichtlich Abmeßbare hinausgehen und den Charakter elementarer Katastrophen gewinnen. Das Todesverlangen der Massen wird mit dem Fortgang der Massenbildung immer heftiger. Und ihm kommen die Mittel entgegen, welche die Wissenschaft mit immer intensiverer Wirkung bereitstellt. Sie sind in ihrer Wirkung auf die Masse berechnet. Der Wunsch, ein Ende zu machen, verdichtet sich endlich in der Vorstellung, die Erde selbst in die Luft sprengen zu können. Man kommt zu den Konsequenzen aller Atomistik. Aber nicht diese zerstörenden Mittel sind es, welche der Masse ein Ende setzen. Es ist der Konsumtionsvorgang, der sie selbst konsumiert. Das ist das Ende der Bewegung und zugleich der Anfang von etwas Neuem.

SCHLUSS

Nietzsches Werk ist wohl versiegelt. Es ist mächtig genug, um der Bewunderung wie dem Hasse Widerstand entgegenzusetzen, denn es ist auf Epochen des Denkens hin angelegt und entworfen. Daher ist es für politische Zwecke der Gegenwart nicht zu verbrauchen. In ihm liegt kein Verhältnis von Mitteln und Zwecken, das sich von findigen Köpfen schnell vernutzen ließe. Denken und eine politische Situation ausbeuten, sind verschiedene Dinge. Es gibt zwar keinen Gedanken, mit dem nicht Mißbrauch getrieben wird, doch fällt dieser Mißbrauch rasch auf den zurück, der ihn übt.
Der prophetische Mensch ist immer der Mensch des Ärgernisses und Anstoßes gewesen. Er ist immer dort, wo man ihn nicht vermutet, und es ist für alle fromme Konvention, für alle Konvention der Frömmigkeit ärgerlich und anstoßerregend, wenn er plötzlich unter den Ketzern und Heiden auftaucht, so wie Paulus — um ein berühmtes Beispiel zu nennen — nicht unter den Juden, sondern unter den Christen und Heiden auftauchte. Er wird aller Theologie zum Kreuz, und das ist schlimm für die Theologen; es ist ein Zeichen, daß sie unfromm geworden sind. Es gibt Beobachter, die „unsere Zeit" — etwa im Vergleich zum Mittelalter — für unfromm halten, womit im Grunde behauptet wird, daß es ihr an Lebendigkeit mangelt. Das ist eine Behauptung in Bausch und Bogen. Was ist mit ihr aber gesagt? Haben die Liebenden abgenommen? Wo sie sind, dort ist Religion. Es gibt mächtige Lebensströme heute, und ohne Zweifel gibt es auch viele faule

Tümpel und Brunnen. Wenn aber die Lebensströme nicht durch die Türen der Kirchen fließen, wenn die nichtchristliche, die außerchristliche Frömmigkeit wächst — was heißt das? Spricht das für oder gegen die Kirchen?

In Nietzsche vereinigen sich diametrale Begabungen, die selten beieinander zu finden sind. Er hat selbst beklagt, daß sich der Denker und der Künstler nicht in einer Person verbinden, aber in ihm hat sich diese Verbindung vollzogen. Der musische Mensch in ihm trat mit dem Denker, trat gegen den Denker und Wissenschaftler auf; darin liegt der mächtige, befruchtende, vernichtende Widerspruch, der sein Denken beschäftigte. Die Harmonien und Dissonanzen seines Denkens bleiben unverständlich, wenn man diesen Widerspruch übergeht, wenn man nicht erkennt, wie er die dem Denken eigene Gesetzlichkeit zuletzt zerbricht, wie er Abschied nimmt und in die Umnachtung eingeht. Er ist tiefer als andere in die Tiefe des Wahrheitsbegriffes hinabgestiegen und kennt besser als andere die Fußangeln und Fallgruben, die diesen Weg gefährlich machen. Die zerreißende, die selbstzerreißende Kraft seines Denkens wird nur faßlich für den, der erkennt, daß durchaus feindliche Verhältnisse hier nach einer Verbindung ringen. Begriff und Anschauung, das abstrakte Denken und die Welt der Bilder, Denker und Dichter verbinden sich zu einem Kampfe, der bis zur Entscheidung durchgefochten wird. Schon die „Geburt der Tragödie" zeigt, daß gegen die Wissenschaft entschieden wird. Nietzsches Bestimmung ist, daß er die Tore der Einbildungskraft wieder öffnet.

Diese Schrift ist die Frucht einer erneuten Beschäftigung mit den Gedanken Nietzsches, wie sie der geschichtliche Moment gebot. Die Angriffe, die von allen Seiten gegen ihn gerichtet wurden, erweckten in mir eine Wißbegier, die lange geschlummert hatte. Ich nahm mir vor, den Einfluß, den diese Gedan-

ken ehemals auf mich geübt hatten, einer neuen Prüfung zu unterziehen. Seit Jahren hatte ich in seinen Werken kaum gelesen, ja eine Art Mißmut, der sich schwer bestimmen ließ, hielt mich von ihnen fern. Ein solcher Mißmut, der sich nicht erklärt und deutlich wird, taugt nichts; man muß über ihn ins Reine kommen. Die Frage ist, was dieses Denken heute bedeutet, ob es fortwirkt und worin es fortwirkt. Die zahlreichen Angriffe, denen es ausgesetzt ist, lassen vermuten, daß es mit einer störenden Kraft in alle Entwürfe eingreift, daß es sich den Planungen widersetzt, die heute erdacht werden. Da diese Angriffe von allen Seiten kommen und in Gestalt eines geschlossenen Kreises oder Ringes das Werk Nietzsches umgeben, liegt der Schluß nicht fern, daß es das zentral gelegene Bollwerk des unabhängigen Geistes ist, die Schlüsselstellung dieses Geistes, der keinem Staatsauftrag, keiner politischen Anweisung, keiner Partei-Instruktion gehorcht, der schon durch seine Position die Steinwürfe auf sich lenkt. Diese Angriffe fördern die Sache des Angegriffenen sehr. Salus ex inimicis nostris. Wenn man einen extremen Fall setzt und sich einen Menschen denkt, der von allen anderen angegriffen wird, müßte dieser Eine nicht eine Gegenbewegung entfesseln, müßte nicht die Frage plötzlich auftauchen, ob nicht bei ihm, in seiner so ganz verlassenen Sache die Wahrheit liegt, ob nicht alle die anderen, und zwar schon durch die Tatsache ihrer Gemeinschaft, sich ihm gegenüber ins Unrecht setzen? Dieser Fall ist nicht der Fall Nietzsches. Auch bedarf Nietzsche nicht der Verteidigung; sein Werk verteidigt sich selbst.
Das Anliegen dieser Schrift ist nicht allein die Kritik. Sie prüft zugleich die Lage, in der wir uns heute befinden. In den sechzig Jahren, die vergangen sind, seitdem der „Wille zur Macht" konzipiert wurde, haben wir nicht nur neue Erfahrungen gesammelt, wir haben neue Dimensionen des Lebens

erschlossen, aus denen Erfahrungen sich erst herleiten. Erfahrungen macht man nicht im Leeren, man macht sie, indem man sich selbst erfährt, das heißt aber: sie sind etwas Nachträgliches. Wir sind eher da als sie, wir tragen sie vor, um uns selbst deutlicher zu werden. Im strengen Sinne: das, was wir nicht sind, können wir auch nicht erfahren, so sorgsam und mühsam wir immer lauschen mögen.

ÜBER DEN AUTOR

Friedrich Georg Jünger wurde am 1. September 1898 in Hannover geboren. Nach der Gymnasialzeit nahm er am ersten Weltkrieg teil und wurde schwer verwundet. Er studierte Jura und schloß mit der Promotion ab, entschied sich aber nach kurzer Referendarzeit für ein Leben als freier Schriftsteller. Er war Lyriker, Erzähler, Romanautor und Essayist. Seit 1942 lebte er in Überlingen am Bodensee. Dort ist er am 20. Juli 1977 gestorben.

Sein lyrisches und erzählerisches Werk ist unter dem Titel *Werke* bei Klett-Cotta in Stuttgart erschienen (1978-1987); essayistische und lyrische Werke im Verlag Vittorio Klostermann: *Der Arzt und seine Zeit*, 1970; *Gedächtnis und Erinnerung*, 1957; *Gedanken und Merkzeichen*, 1949; *Gedichte*, 1949; *Gespräche*, 1948; *Griechische Götter. Apollon - Pan - Dionysos*, 1943; *Griechische Mythen*, 4. Auflage 1994; *Iris im Wind. Gedichte*, 1952; *Über das Komische*, 3. Auflage 1948; *Orient und Okzident*, 2., erweiterte Auflage 1966; *Die Perfektion der Technik*, 7. Auflage 1993; *Es pocht an der Tür. Gedichte*, 1968; *Ring der Jahre. Ein Gedichtband*, 1954; *Schwarzer Fluß und windweißer Wald. Gedichte*, 1955; *Die Spiele. Ein Schlüssel zu ihrer Bedeutung*, 1953; *Sprache und Denken*, 1962; *Sprache und Kalkül*, 1956; *Die Titanen*, 1944; *Die vollkommene Schöpfung. Natur oder Naturwissenschaft?* 1969; *Der Westwind. Ein Gedichtband*, 1946.

NACHWORT

Dies ist ein leises und zugleich entschiedenes Buch. Seine Gedanken entfalten sich so, wie es auch in den anderen Essays des Autors geschieht: unrhetorisch und klar, schmucklos, manchmal fast trocken, aber dafür in genau bemessenen Schritten. Friedrich Georg Jünger will niemanden überzeugen, und er vertritt auch keine „Position", die er mit Argumenten, beladen mit dem wissenschaftlichen Gepäck zahlreicher Fußnoten, stärken oder verteidigen müßte. Fast hat man den Eindruck, er schreibe für sich.

In der Tat ist das vorliegende Buch der Versuch einer Selbstklärung; es sollte, wie der Autor sagt, den Einfluß, den Nietzsches Gedanken auf ihn geübt hatten, einer Prüfung unterziehen, nachdem er Nietzsches Schriften lange gemieden habe – aus einer „Art Mißmut, der sich schwer bestimmen ließ". Aber diese Selbstklärung hat nichts Selbstbezogenes. Sie ist ganz und gar bei der Sache und deshalb auch für Leser von Bedeutung. Gewiß ist dieses Nietzsche-Buch unter philologisch-wissenschaftlichem Gesichtspunkt nicht mehr „aktuell", seine Textbasis ist, gemessen an der Situation nach dem Erscheinen der kritischen Ausgabe, unzureichend. Aber es bietet die Gelegenheit, dabei zu sein, wie jemand mit durchaus kritisch, aber nie polemisch gestimmter Aufmerksamkeit den Gedanken Nietzsches im genauen Sinne des Wortes nachgeht, wie er sie noch einmal für sich denkend abzuwägen versucht, um so einen freien Blick auf die Physiognomie von Nietzsches Werk zu gewinnen. Das ist eine Übung von hohem Rang.

Für Friedrich Georg Jünger ist Nietzsches Werk im Ganzen, was Nietzsche selbst über sein erstes Buch sagte: „centaurisch", Vereinigung des Disparaten. Philosophie und Dichtung, Analyse und Vision gehen hier eine bis zum Zerreißen gespannte Verbindung ein. Noch in den späteren Gedanken des „Willens zur Macht" und der „ewigen Wiederkunft des Gleichen" findet Jünger die im Buch über die „Geburt der Tragödie" entwickelte Spannung von rationaler Grenzziehung und einer alle Grenzen überschreitenden Einheitsschau wieder: Während der Gedanke vom Willen zur Macht für eine Ausdifferenzierung der Werte und damit für eine geordnete, Orientierung gewährende Welt stehe, sei mit der Wiederkunftslehre die umfassende Bejahung des Werdens, das Sicheinstimmen ins Grenzenlose der Veränderung gemeint.

Auch das Problematische, Mißlungene in Nietzsches Werk will Jünger aus dessen interner Disparatheit verstehen. Er sieht es vor allem darin, „daß sich der Denker und der Künstler nicht in einer Person verbinden" lassen und doch, wie vor allem im *Zarathustra*, zusammengezwungen werden sollen. Nietzsche, wie Jünger ihn versteht, überfordert damit seine Sprachkraft; obwohl er sich in die „mythische Situation" begeben habe, das Göttliche in Gestalt des Dionysos zur Sprache zu bringen und so der Schritt von der Philosophie zur Dichtung für ihn notwendig gewesen sei, scheitere er an der dichterischen Aufgabe.

Von hier aus gesehen hat das kleine, „Hölderlin und Nietzsche" überschriebene Kapitel Schlüsselcharakter für das Verständnis von Jüngers Buch: Auch Hölderlin, wie Jünger ihn liest, hatte die Erfahrung des Dionysischen gemacht, aber in seiner Dichtung liegt die Möglichkeit, diese Erfahrung in ihrer Ursprünglichkeit so mitzuteilen, daß sie geteilt werden kann. Sie hat in sich schlüssige Gestalt gewonnen und kann deshalb wirken. Dichtung, sagt Friedrich Georg Jünger, solle verwandeln: „Ein Dichter, der nichts verwandelt, der sich in der Sprache nicht mit verwandelnder Kraft bewegt, ist nicht zu denken." Deshalb war Nietzsche kein Dichter, und deshalb fehlt an seinem zentralen Gedanken der ewigen Wiederkehr „der Begriff der Verwandlung": Statt die Wiederkehr dichterisch, nach dem Vorbild des Festes als Ereignis, das „die Zeit auslöscht", zu denken, hält Nietzsche am „Begriff einer absoluten Zeit fest" und läßt die ewig werdende, in sich kreisende Welt nach dem Maß einer „starren, newtonisch gedachten Zeit" bewegt sein. Dionysos, der „Gott der Umkehr" in den „Reichtum und Überfluß" des Lebens, wird in den Gedanken eines in sich rollenden Rades gezwungen, und dieses Rad dreht sich nach den Gesetzen einer mathematisch und technisch konzipierten Welt; es „hat immer die gleiche Rotation".

Mit diesem Gedanken kommt das zweite große Thema von Jüngers Buch ins Spiel. Nietzsche interessiert ihn auch als Diagnostiker der Moderne und ihrer sich immer weiter steigernden Dynamik, als Denker, der seine Zeit begreifen wollte und der deshalb jede Möglichkeit, konform mit ihr zu wirken, vermied. Weil Nietzsches Denken in diesem Sinne radikal und konsequent ist, gleiten für Jünger an ihm alle Versuche der Politisierung ab, seien sie vereinnahmend oder ideologiekritisch gemeint. Nietzsches Werk sei nicht „für politische Zwecke der Gegenwart", sondern auf „Epochen des Denkens hin angelegt und entworfen", und der unvermeidbare Mißbrauch mit Gedanken falle „rasch auf den zurück", der ihn übe. Das mag im ersten Moment wie wohlfeile Apologie erscheinen, aber wird doch nur dem Umstand gerecht, daß eine große Philosophie sich keiner Zeit integrieren läßt, sondern ihre Wirkungsgeschichte hat, wo ihr eigener philosophischer Anspruch verstanden wird. Außerdem darf man hier so etwas wie Wahlverwandtschaft sehen: Friedrich Georg Jünger spricht auch von sich, wenn er an Nietzsche die Freiheit von der eigenen Zeit hervorhebt. Auch er selbst hat sich dem öffentlichen Agieren entzogen, ebenso entschieden wie diskret.

Wo es um die Sache, das Begreifen der Moderne geht, ist Jünger nicht weniger präsent. Der Autor des großen Essays über die „Perfektion der Technik" trägt hier eigene Gedanken aus, und dabei geht es auch nicht nur um eine Auseinandersetzung mit Nietzsche. Wenn Jünger sagt, Nietzsches Denken werde selbst „von dem Dynamismus ergriffen, der um ihn mit erhöhter Kraft zu arbeiten begann", und er habe versucht, „den Vorgang zu beschleunigen, ihm einzuheizen, an Vehemenz zuzulegen und seinem Niveau so rasch wie möglich zuzuführen", so darf man das als Replik auf das zeitdiagnostische Hauptwerk seines Bruders Ernst, auf das Buch über den „Arbeiter" von 1932, lesen. Das gilt auch für die Vermutung, am Ende zehre die Moderne sich selbst auf, und erst dieses „Ende der Bewegung" könne der „Anfang von etwas Neuem" sein – dies, und keine Vollendung der Technik in der neuen, alle Wirklichkeit prägenden „Gestalt" des „Arbeiters" soll man erwarten. Die Konzeption von Ernst Jüngers frühem Hauptwerk kam von Nietzsche her. Deshalb bildet Nietzsches Denken den Fluchtpunkt eines in der Sache kontroversen und dennoch brüderlichen Gesprächs.

Dichtung und Philosophie in ihrem Verhältnis, Diagnose der Moderne – um diese beiden Zentren ist also Friedrich Georg Jüngers Buch komponiert. Das erklärt auch, weshalb er wesentliche Seiten an Nietzsches Werk abblendet. Nur drei Werke, sagt er gleich zu Anfang, könnten als Nietzsches Hauptwerke betrachtet werden: außer der *Geburt der Tragödie* und dem *Zarathustra* noch *Der Wille zur Macht*. Der Aphoristiker interessiert ihn nicht; den Moralkritiker und „Psychologen" betrachtet er mit unverhohlenem Mißtrauen; der Philosoph, der sein Denken in der Spannung zur klassischen Antike, zu Sokrates und Platon, entfaltet, kommt nur am Rande vor. Aber Friedrich Georg Jünger hat mit seinem Buch gleichsam die Hohlform des in diesem Sinne verstandenen Philosophen Nietzsche geschaffen. Jüngers klare Trennung von Dichten und Denken, seine Betonung des unpolitischen Charakters philosophischer Zeitdiagnose nützt der Philosophie.

Günter Figal, im Oktober 1999